中国近代英语教学与传播研究

王红丽 / 著

中国纺织出版社有限公司

图书在版编目（CIP）数据

中国近代英语教学与传播研究 / 王红丽著. --北京：
中国纺织出版社有限公司，2023.5
ISBN 978-7-5229-0478-8

Ⅰ.①中⋯　Ⅱ.①王⋯　Ⅲ.①英语－教学研究－中国
－近代　Ⅳ.①H319.3

中国国家版本馆CIP数据核字（2023）第059493号

责任编辑：郭　婷　韩　阳　责任校对：楼旭红
责任印制：储志伟

中国纺织出版社有限公司出版发行
地址：北京市朝阳区百子湾东里A407号楼　邮政编码：100124
销售电话：010—67004422　传真：010—87155801
http://www.c-textilep.com
中国纺织出版社天猫旗舰店
官方微博 http://weibo.com/2119887771
三河市延风印装有限公司印刷　各地新华书店经销
2023年5月第1版第1次印刷
开本：710×1000　1/16　印张：11.5
字数：180千字　定价：88.00元

凡购本书，如有缺页、倒页、脱页，由本社图书营销中心调换

前言

19世纪中叶，西方资本主义的殖民扩张使中国逐步卷入世界市场。面对西方势力的严重侵犯与威胁，近代中国封闭自守的社会模式与日益腐朽的生产关系遭受强烈的冲击，封建统治阶层的脆弱与不堪一击显露无遗。尽管打破以华夏为中心的传统夷夏观需要经历激烈的思想斗争，但想要摆脱西方列强的肆意蹂躏，实现自强求富的目标，学习西方列强的语言及其先进的科学技术成为必然的出路。不难看出，英语教育在近代中国的滥觞是以世界一体化的发展为依托的。历史发展到今天，"全球经济一体化""人类命运共同体""一带一路""全球气候变暖"等新式概念的提出亟以解决世界经济发展、文化交流、应对共同危机的问题，说明了世界各国在当前形势下社会生活各个领域的交往与合作日益频繁。历史上曾经作为影响近代中国英语教育的世界一体化系统、正处于新的历史语境之中。但"没有哪一种语言能像英语传播得这样迅速与广泛"，作为世界性的共识依然没有改变。大力发展英语教育，使其产生与之相匹配的经济、社会效益，是包括中国在内的很多国家的战略性选择。

近几年来，国内的教育界对过去几十年英语教育改革所取得的成就与经验进行了回顾与总结。中国的英语教育在政策制定、理论创新、教学效果、人才培养等方面取得了不俗的成绩。特别是在信息技术快速发展的支持下，慕课、微课、翻转课堂、线上线下混合式教学等新型教学模式不断与传统教学模式相融合，使英语教学实践与研究的内容日益丰富。从2018 TESOL（即 Teaching English to Speakers of Other Languages）对外英语教学中国大会到2019国际英语教育中国大会，连续两年在中国举行的国际性英语教育学术大会，一方面是向国内外同行充分展示我国英语教育改革的卓越成果，另一方面也是以全球视野继续为中国英语教育的发展建言献策。

近代中国英语教育的兴起是中国被迫融入世界一体化进程中的产物。从改变政治外交的被动局面到学习西方先进科学技术的主动诉求，英语凭借其在近代中国社会转型中发挥的关键性作用，藉以近代新学制被正式确立为国民教育体系的重要学科。本书以近代中国早期英语的传播为背景，对近代中国本土英语学科的建立及教育发展进行全景式勾勒与历时性考察，研究内容既有对英语学科教育每个发展阶段特征的概括，也有对相应时期英语教育政策的梳理；既有以英语教育活动为对象的本体研究，对近代中国英语学科教育范式的归纳，也有对其社会功能、存在的问题以及经验启示的总结。

本书经过多年打磨，即将付梓之际，要感谢武汉纺织大学肖鸣副教授在本书撰写过程中给予的宝贵意见；感谢汉口学院科研处、教务处以及外国语学院的领导和同事们对我的支持和鼓励。由于时间和能力有限，资料收集也存在一定的局限性，在撰写本书时疏漏之处在所难免。在此，恳请各界专家和读者提出宝贵意见，以助后期进行修改和完善。

王红丽

2022 年 9 月

目 录

第一章 近代英语教育历史追溯

两次鸦片战争相继惨败的经历给了清政府当头一棒，天朝上国的幻想被西方列强的坚船利炮彻底摧毁，同时也给不少开明绅士的思想带来了巨大的震荡。在"中学为体，西学为用"思想的指导下，以"自强、救国"为口号的洋务运动开始兴起。为了培养洋务运动所需的人才，清政府分别创建了一批学习"西语"与"西技"的学校。前者主要是以同文三馆为代表的外语类学堂，以培养翻译、外交人才为主要目标，后者则是学习西方先进科学技术的军事或技术学堂，以培养科学技术人才为要务，实现富国强兵的目的。无论是"西语"还是"西技"，这类新式学堂都非常注重外语教育，特别是将英语教育列为主要课程。可以说，在中国社会面临深刻调整的时刻，英语教育获得了发展机遇，正式"登堂入室"。

第一节 近代中国英语教育之滥觞——京师同文馆

"京师同文馆之设，从总理各国事务衙门之请，始于同治元年"。1862年洋务运动创办的京师同文馆，正式拉开了中国官方英语教学的帷幕。作为中国历史上第一所新式外语学堂，它的英语教学具有典型代表性，为其之后的外语学堂及其他学堂的外语教育提供了参考与借鉴，在中国外语教育史上占有重要的地位。

一、创办的社会背景

1860年，中国政府分别与英、法、俄等国签订了《北京条约》，这是继《南京条约》《天津条约》之后又一次丧权辱国的不平等条约，使中国领土完整和主权遭到了进一步的破坏。除了应对西方列强的侵略和掠夺外，清政府还要投入大量精力和财力镇压国内如火如荼的太平天国运动。内忧外患的双面夹击，使清王朝的统治根基遭到强烈动摇，面临土崩瓦解的威胁。以奕䜣、文祥、李鸿章、曾国藩为代表的洋务派，意识到此时的大清王朝正处于"千古之变局"。李鸿章在其《筹议制造轮船未可裁撤折》中的一段文字说明了他对时局的清醒认识：

> 欧洲诸国百十年来，由印度而南洋，由南洋而东北，闯入中国边界腹地。凡前史之所未载，亘古之所未通，无不款关而求互市。我皇上如天之度，概与立约通商，以牢笼之。合地球东西南塑之遥，胥聚于中国，此三千余年一大变局也。西人专恃其枪炮轮船之精利，故能横行于中土。中国向用之弓矛小枪土炮，不敌彼后门进子来福枪炮；向用之帆篷舟楫艇船炮划，不敌彼轮机兵船，是以受制于西人。

可见，以李鸿章为代表的洋务派看到了中国与西方各国在科学技术和军事武器上的距离，也意识到不求变则亡国。依据时局，他们提出了学习西方科学技术实现"自强、求富"的救国主张。1861年1月成立的"总理各国事务衙门"，标志着以学习西方科学技术知识为核心内容的洋务运动正式开始。引进西方先进技术，创办新式海军、铁路、电报等新式军事及民用工业需要大量懂外语的新式人才。要"西学"必须解决"西语"的问题。因此，培养懂外语的洋务人才也成为迫在眉睫的重要任务。奕䜣等人在上呈关于第二次鸦片战争善后事宜的奏折中就提出了设立外语学堂。

除了洋务运动本身的内在需求外，清政府出于政治、外交的考虑，对懂外语人才的需要也更为迫切。第二次鸦片战争后，因为允许西方各国在北京派驻公使，清政府的外交事务数量急剧增加。在代表清政府与洋人谈判的过程中，清廷官员发现语言成为办理外交的重大障碍："查与外国交涉事件，必先识其性情；今语言不通，文字难辨，一切隔膜，安望其能妥协"。所以，"欲悉各国情形，必先谙其语言文字，方不受人欺蒙。各国均以重资聘请中国人讲解文义了，而中国迄无熟悉外国语言文字之人，恐无以悉其底蕴"。由于缺乏英语人才，清廷在处理外交事务时只得聘用通事。这些通事除了发音不标准、水平有限，有的还"惟借洋人势力，狐假虎威，欺压百姓，蔑视馆长，以求其所欲"，甚至做出损害国家利益的勾当。对于这些通事清政府虽深恶痛绝，但苦于没有自己的翻译人才，不得不依赖他们。西方各国列强还利用中国人不懂英语的劣势在条约上弄虚作假、瞒天过海，使得近代中国蒙受巨大损失而不自知。正如近代外交家伍廷芳所言："查中国自与海外通商以来，定约者凡十余国。初因文字语言彼此隔阂，所定条款，易为彼族所蒙。"此外，根据《天津条约》的规定，英国政府要求清政府负责培养翻译人员，以后送达中国的文书不再配送汉语版本，若文书有争议的地方，也是以英文版本为准。法国也在《北京条约》中作了类似的规定。因此，清政府想要改变外交上的被动局面，培养自己的翻译和外交人才已经刻不容缓。

事实上，开办外语教育不仅是清政府解决自己政治、外交困境的当务之急，也是西方列强为了进一步攫取在华利益的需要。一系列不平等条约的签订使得上海、宁波、厦门等通商口岸陆续开放，外国列强在当地开设商行，从事各类商业和贸易活动，对英语人才的需求也急剧上升。虽然像上海这样的城市已经开设了不少英语培训班或夜校，但对于解决英语人才的缺口也是杯水车薪。他们希望看到清政府能够开办新式学堂，培养外语人才，从而为他们提供服务。赫德长期把持的中国海关一直是京师同文馆办学资金的重要来源亦充分地说明了西方各国对清政府实施外语教育的支持。

在此社会背景下，恭亲王奕䜣等于1862年8月奏请设立同文馆：

> ……窃查咸丰十年冬间，臣等于通筹善后章程内，以外国交涉事件，必先识其性情，请饬广东、上海各督抚分派通解外国语言文字之人，携带各国书籍来京，选八旗中资质聪慧、年在十三四以下者，俾资学习。

1862年8月京师同文馆正式设立，"令诸生学习西语西文，备翻译差委之用"，成为洋务运动创办的第一所新式学堂。尽管它的办学程度只是初等的外国语言学校，但与之前以考科举求功名为目的的传统书院有了本质的区别，标志着近代中国学校正规英语教学的正式开端。

二、招生、办学及历史沿革

1862 年京师同文馆创办之初，虽只设立了英文馆，招收了 10 名学生，但由此拉开了洋务学堂外语教学的序幕。京师同文馆初招学员，不仅人数少，对生源也有严格的限制。根据章程规定："应由八旗满蒙汉闲散内，择其资质聪慧、现习清文者，年在十五上下者，每旗各保送二三名，有臣等酌量录取，挨次传补"。可见，招生对象仅限于旗人。但同文馆学员的挑选是由大臣们"酌量录取"，那么负责招生的官员们究竟以什么为"量"？齐如山的家兄竺山到北京参加乡试时，李鸿章建议他去同文馆，其父在询问文正公"如何才能得入"时，李鸿章的一个"容易"说明了同文馆的入学并不难。当时如若不是其父自以为齐如山年龄小又不好意思劳烦李鸿章，他希望齐如山也能随其兄一起入同文馆。但事实是"不用说两个，就是十人八人，文正公一句话，就都可以进去，毫不费事，这不但不算作弊，而且算是帮助同文馆"。因此，同文馆对学员的选拔基本上没有一个具体可行的标准，主要是根据官员们的主观臆断。另外，还有一点值得注意的是，在挑选入馆学习的学员中，要求招入正在学习满文的旗人。依据同文馆的课程要求，学员被招入学馆中是需要学习汉语的，对于只懂满文而不懂汉文的学生来说，同时学习英语和汉语显然难度较大。所以，同文馆初次招生既没有一个合理的入学门槛，学员又没有良好的汉语基础。加之受传统观念的影响，天子脚下的臣民自然不如通商口岸地区的民风开化，他们对"夷人、夷语"的态度还没有完全转变，认为学习外语是一件耻辱、受人嘲笑的行为。正如齐如山所记载：

> 这些学生入了同文馆以后，亲戚朋友对于本人，因为他是小孩，还没有什么鄙视，对于学生们的家庭，可就大瞧不起了，说他堕落，有许多人便同他们断绝亲戚关系，断绝来往。甚至人家很好的儿媳妇，因她家中弟弟入了同文馆，便一家瞧不起这个媳妇，而且因之便受了公婆之气。社会的思想，对于这件事情看得这样的严重，大家子弟不

但不愿入，而且不敢入，因之后来之招生就更难了。

所以，京师同文馆起步的时候，招生情况并不好。为了解决招生困难的境遇，同文馆通过每月发放三两膏火银来利诱学生，并且对在考试中表现优秀的学员还会有额外奖励。即便如此，最初在八旗官学中挑选同文馆学生时，那些有人情可托的学生是不会去的，去的多数是没人情或功课不好的学生。不难想象，同文馆初期学员的质量并不高，很多都是冲着馆里的生活待遇和可以学习汉文而来，缺乏外语学习动机，办学效果自然不尽如人意。

京师同文馆发展迎来的第一个转折点便是天文算学馆的设立。在兴办洋务的过程中，洋务派官员逐步认识到"洋人制造机器、火器等件，以及行船、行军，无一不自天文、算学中来"，便于1867年1月上奏设立天文算学馆：

　　……窃臣等前因制造机器、火器必须讲求天文、算学，议于同文馆内添设一馆，招取满汉举人，恩、拔、副、岁、优贡生，并前项正途出生之五品下京外各官，考试录取，延聘西人在馆教习，并声明一切章程，俟奉旨允准后，再行详细酌定。

从这份奏折上可以发现，与之前的规定相比，天文算学馆在招收对象和教学内容上均发生了变化。奕䜣等人在上奏设立京师同文馆时提出只在八旗子弟当中挑选入馆学员，而天文算学馆则将对象扩大到满汉举人、五类贡生和正途官员。以培养从事翻译和处理涉外事务的外交人员为初衷的京师同文馆自然是以外语教学为内容，从成立之初设立的英文馆，到次年扩充门类分设法文馆和俄文馆正是逐步实现教学目标的举措。然而，天文算学馆的成立意味着同文馆的教学内容也打破了语言的局限，而扩展到以天文、和算学为代表的科学技术。京师同文馆在成立之初就曾遭到顽固派的强烈反对，但无奈于当时内政外交的形势，他们只能迫于妥协和接受。对于天文算学馆的设立看似只是招生对象和教学内容的调整，可是于顽固派而言却是触碰到了封建文化统治的道德核心，因此遭到顽固派疾风骤雨般地批判与阻挠。山东道监察御史张盛藻说：

朝廷命官必用科甲正途者，为其读孔、孟之书，学尧、舜之道，明体达用，规模宏远也，何必令其习为机巧，专明制造轮船、洋枪之理乎？若以自强而论，则朝廷之强莫如整纪纲，明政刑，严赏罚，求贤养民，练兵筹饷诸大端。臣民之强则惟气节一端耳。朝廷能养臣民之气节，是以遇有灾患之来，天下臣民莫不同仇敌忾，赴汤蹈火而不辞，以之御灾而灾可平，以之御寇而寇可灭，皆数百年深仁厚泽以尧舜孔孟之道为教育以培养之也。若令正途科甲人员为机巧之事，又藉升途、银两以诱之，是重名利而轻气节，无气节安望其有事功哉？

不难看出，张盛藻非常反对让正途科甲官员去学习天文算学，以经济利益诱惑他们进馆学习只会将他们误入歧途。不久，大学士倭仁也发出了反对之声，而且来势汹汹，他接连上奏：

窃闻立国之道，尚礼义不尚权谋；根本之图在人心，不在技艺。今求之一艺之末，而又奉夷人为师。无论夷人诡谲，未必传其精巧，即使教者诚教，所成就者不过术数之士。古今来未闻有恃术数而能起衰振弱者也。天下之大，不患无才。如以天文算学必须讲习，博采旁求，必有精其术者，何必夷人，何必师事夷人？欲求制胜比求忠信之人，欲求自强必谋之礼仪之士，固不待智者而后知矣。今以诵习诗书者而奉夷人为师，其志行已可概见，无论所学必不能精，即使能精，又安望其存心正大、尽力报国乎？恐不为夷人用者鲜矣。且夷人机心最重，狡诈多端，今欲习其秘术以制彼死命彼纵阳为指授，安知不另有诡谋？

作为保守派的代表，倭仁觉得立国之本是礼义而非技艺，即便技艺如此重要，中国也有这方面的人才，为什么要以洋人为师？首先，他觉得跟随洋人学技艺的正途官员道德不端，动机不良；其次，本来学习技艺就是为了对付洋人，而现在又请洋人为教习，他们当然是另有所图。因此，这种"上亏国体，下失人心"的天文算学馆或是同文馆怎么能够继续存在呢？面对顽固派夜郎自大的心态和对新式教育的百般阻挠，以奕䜣为代表的洋务派也给予了强烈的反击和驳斥：

溯自洋务之兴，迄今二三十年矣。始由中外臣僚未得款要，议和议战大率空言无补，以致酿成庚申之变。彼时兵临城下，烽焰烛天，京师危在旦夕。学士大夫非袖手旁观，即纷纷逃避。先皇帝不以奕䜣等为不肖，留京办理抚务……是以臣等筹思长久之策，与各疆臣通盘熟算，如学习外国语言文字，制造机器各法，教练洋枪队伍，派赴周游各国访其风土人情，并于京畿一带设立六军，藉资拱卫；凡此苦心孤诣，无非欲图自强。又因洋人制胜之道，专以轮船、火器为先，从前御史魏睦庭曾以西洋制造火器不计工本，又本之天文度数，参以勾股算法，故能巧法奇中……因而奏请开设天文算学馆，以为制造轮船、各机器张本，并非空讲孤虚，侈谈术数，为此不急之务。又恐学习之人不加练择，或为洋人引诱误入歧途，有如倭仁所虑者，故议定考试必须正途人员，诚以读书明理之士，存心正大，而今日之局，又学士大夫所痛心疾首者，必能卧薪尝胆，共深刻励，以求自强，实际与泛泛悠悠漠不相关者不同。倭仁谓夷为吾仇，自必亦有卧薪尝胆之志。然试问所为卧薪尝胆者，姑为其名乎？抑将求实其乎？如谓当求其实，试问当求之愚贱之人乎？抑当求之士大夫乎？

在这份奏折中，奕䜣等人首先痛斥了在清廷危急时刻空守"礼义"而无所担当的官员，与之形成鲜明对比的是以奕䜣为代表的洋务派不仅打出了救亡图存的旗号，还采取了学习外语、西技实现自强的实际行动，并且发现了天文算学为西艺之根本。对于从征途人员中挑选学员，其目的是保证生源的正统思想，从而不会发生顽固派所担心的被洋人利用而误入歧途的情况，最后对于倭仁提出的立国之计在于"人心"而非"技艺"的虚无空谈和不切实际表示强烈质疑。总理衙门提出的设立天文算学馆之奏请，因为符合时局发展趋势，加上慈禧太后的支持，最后被采纳，于1867年设立，标志着京师同文馆正式加入了西学课程，由一所外国语言学校转变为一所综合性学校。

天文算学馆的成立除了对招生对象和教学内容做了重大调整外，它首次采取了"考试录取"的原则来招取入馆学员。只因在清政府内部对于天文算学馆的争论中，顽固派的言论在士大夫中产生了消极影响，导致正途投考者寥寥数人。在1867年的招考中，正途和杂项人员共98人报考，72人参加考试，最后录取30名。但最后因为各种原因只留下了10人，并入各有旧馆。为了解决京师同文馆的招生困境，总理衙门决定从上海和广东"所立外国语言文字学馆内择其已有成效者，每省酌送数名来京考试，以便群相研究"。

1868年至1899年间，上海广方言馆和广东同文馆分别抽调了五次学生，共计68名学生送到京师。从上海和广东两地调取学生一方面保证了京师同文馆的生源数量；另一方面来自粤沪两地的学生质量较高，这对于京师同文馆的教学质量和人才培养也起到了较好的推动作用。

成立天文算学馆之后，京师同文馆的招生规模进一步扩大，稳定的生源加之社会风气的进一步开化使其有了稳步的发展。1871年增设德文馆，并开设了生理、医学讲座；1888年鉴于格致为"西学之至要"之地位，又开设了格致馆；同年又添设了翻译处，任命馆内的优秀学生为不同语种的翻译官；1897年开设东文馆，使得京师同文馆外语教学语种共达五种，基本上涵盖了当时世界上最重要的语言；1902年，京师同文馆并入京师大学堂，改名为译学馆，仍为外国语言文学的专门学习机构。

三、课程、师资与教学

(一) 课程安排

京师同文馆开办之初，课程设置极为简单。根据《清会典》所记录的课程内容，学生"每日午前诣汉教习学习汉文功课。午后诣洋教习学习洋文功课"。可见以培养翻译人才为初衷的同文馆初期只开设了外语 (英、法、俄) 和汉语两门课程。将汉语课程放在上午，也体现了"中学为体"的办学思想。关于学制，最初的同文馆章程中没有明确的规定，只提到每届三年考核一次，根据学生的考核成绩来确定是否授予官品以及官品的级别，亦或是降革、留级等待遇。在经过顽固派和洋务派的激烈争论后，天文算学馆成立，为其他科学类课程的添设铺平了道路。之后，一系列的西学类课程依次加入：

1. 算学——同治七年 (一八六八年) 请李善兰为教习。

2. 化学——同治五年 (一八六六年)，中国海关总税务司赫德回英，介绍法人毕利干来教化学，毕氏为介绍化学到华之第一人。

3. 万国公法——同治八年 (一八六九年)，请同文馆校长丁匙良讲万国公法。

4. 医学生理——同治十年 (一八七一年)，请德贞讲医药与生理。

5. 天文——光绪三年 (一八七七年)，添设天文一课，先由美人海灵敦讲授，旋以费礼饬继之。

6. 物理——光绪五年 (一八七九年)，添讲格致 (即物理学)，首由欧礼斐讲授。

京师同文馆在成立天文算学馆扩大规模后，在丁匙良的主持下于1876年公布了一个"洋文而及诸学"的八年课程表和对于年龄稍大无暇学习外语的学员，"藉译本而求诸学"的五年课程表。除了外语课程的设置外，两个课程表所列的其他课程基本相差无几。八年开设的课程具体如下：

由洋文而及诸学，共须八年 (馆中肄业洋文四种，即英、法、俄、德四国文字也。其习英文者，能藉之以及诸课而始终无阻；其余三国文字虽熟习之，间须藉汉文及算格诸学)。首年：认字写字、浅解辞句、讲解浅书。二年：讲解浅书、练习文法、翻译条子。三年：讲各国地图、读各国史略、翻译选编。四年：数理启蒙、代数学、翻译公文。五年：讲求格物、几何原本、平三角、孤三角、练习译书。六年：讲求机器、微分积分、航海测算、练习译书。七年：讲求化学、天文测算、万国公法、练习译书。八年：天文测算、地理金石、富国策、练习译书。

从这个课程表可以看出，第一年和第二年是外语学习的初级阶段，学习内容以字母、发音、词句、会话、文法和简单的阅读和翻译为主，强调语言的基本训练；进入第三年之后，就开始添设各类西学课程，但"翻译"这个课程内容一直贯穿始终，首先是翻译"条子"，然后是"选编""公文"，最后是"译书"，既体现了语言教学由浅入深、由易到难的教学原则，也有效地将英语语言训练与其他学科学习结合起来。无论是"八年计划"还是"五年计划",这份课程表都是中国教育史上的第一份按学年制订的教学计划,除了传统的"经典"教学,外语与西学课程也正式成为中国官学的教学内容。课程内容的变化不仅体现了办学思想和人才培养目标的变化,它也引起了京师同文馆教育类型和层次的变化。因此,京师同文馆被视为中国新教育的肇端。

(二) 英语师资

京师同文馆的教习由汉教习和洋教习组成。根据《同文馆题名录》光绪二十四年刊本整理的历任汉洋教习中,汉教习总人数仅为20人,洋教习则多达56人,其中英文教习14人,法文教习12人,俄文教习10人,德文教习6人,东文教习1人,其余为西学课程教习。除了教习,同文馆还挑选优秀的学生担任副教习一职,主要起到辅助和督促学员学习之用处。

事实上,在提议设立京师同文馆之时并未打算聘请洋人为教习。奕䜣等人在1861年1月呈请设立京师同文馆时上奏道:"闻广东、上海商人,有专习英、法、美三国文字语言之人,请饬各省督抚挑选诚实可靠者,每省各派二人,共四人,携带各国书籍来京"。但上海和广东两地不是回复无人可派,就是报告虽有其人但英语水平层次还不能胜任教习一职。因此,考虑到"中国迄无熟悉外国语言文字之人,恐无以悉其底蕴",奕䜣等人才提出聘请洋教习。京师同文馆的第一任英文教习最终由时任英国驻华使馆参赞威妥玛(Thomas Francis Wade)推荐的英国传教士包尔腾担任。此后,其他洋务学堂争相效仿。聘请洋教习,对于刚刚起步的中国近代教育不失为一种合理的选择。洋教习除了在外国语课程的教学上更具优势,他们还承担西学课程的教学任务或译书任务,成为洋务教育的一大特色。

京师同文馆的英语教习主要由海关总税务司赫德代聘。虽然由英美人士来执教英语在语言上极具优势,但他们当中科班出身的并不多。其中大部分都是打算到同文馆来"过渡"学习中文,以便将来到海关任职,学好够用即走几乎成为定例,"至于馆中的功课,他并不十分注意"。除了教学动机不纯,有些教习的教学能力有限。曾担任过总教习一职的欧礼斐,在学生当中的印象颇为不佳。学生们对他如此评价:

同文馆总教习是一个英国人，名字叫作欧礼斐，人极神奇极骄傲，可是不但不够学者，且几乎是不通文。我见过他给学生改英文的试卷，但看着不好的地方，不假思索，一笔就涂去了去，可是他改的时候，就费了事了，憋得红着个秃脑壳，改一次涂了去，又改一次涂了去，半天才算改就。按彼时学生洋文的程度，不过等于现在大学一年级，他改着已经这样吃力，则他的洋文程度可想而知。而且据英文馆同学们说，他改得并不通顺。

既教学水平有限，为什么这样的人能在京师同文馆中担任教习，甚至是总教习这样重要的职务呢？虽说京师同文馆隶属于总理衙门，但当时几乎没有懂英文的官员，根本就不具备甄别教员的能力，对于教员的聘任只能依靠外国人。再则同文馆的办学经费来自海关关税，把持中国海关的税务司自然拥有同文馆的人事任免权。有些教员离职甚至都不知会总理衙门，而是向总税务司报告。总税务司对教习的选拔和任命显然不会将教学能力和水平放在第一的位置。尽管如此，京师同文馆的历史还是涌现了对其发展做出重大贡献的总教习丁韪良。

丁韪良是美国基督教长老会传教士，1850 年来到中国长期在宁波传教，期间他学习汉语官话和方言，了解了中国传统文化，办过私塾，也曾担任过美国驻华公使的中文翻译。丁韪良于 1864 年受邀担任京师同文馆的英文教习，1869 年被任命为总教习。虽然他进同文馆从教的初衷是为了传教，但他世俗化的教育主张为京师同文馆的发展带来了契机。前文提到的同文馆八年制和五年制程表便是在他的主持下制定的，被认为是中国教育从传统走向现代的课程革命。针对京师同文馆学员学习散漫的情形，他狠抓纪律，整顿教学管理工作。从颁发的历年堂谕来看，对于旷课、代考、懒惰成性、不守学堂规矩的学员，同文馆都会给予相应的惩治。规章制度的健全不仅昭示了学堂的近代化管理模式，也大力改善了京师同文馆的教学秩序，为其后的教学工作步入正轨创造了条件。为了提升京师同文馆的教学质量，他不仅扩大招生规模，还严把生源质量关，对于无心学外语和年龄较大而不适合学习外语的学生进行清退。据齐如山回忆：

到光绪中叶，因为学生越来越多，倘太不用功就不容易站住了。从前是一进馆每月就给三两银子，到我进去的时候，就改为先学六个月，此为试验期，六个月期满，考试一次，最劣等的革出，平常的留馆，再试六个月，最好的每月给三两。

可见，丁韪良的举措确实令京师同文馆的整个教学风貌发生了很大的改变，使同文馆进入了一个较为健康的发展阶段。

(三) 英语教学

京师同文馆从初设只招收了 10 名学员的英文馆发展成为学生人数最多可达 120 人，涵盖英、法、俄、德、日五种外语，涉猎西方多门学科的综合性近代学堂。作为近代中国新式教育和外语教育的模范，它打破了中国传统的教学方式，引进了西方先进教育理念，实行分班制教学，在课程设置上根据教育规律采取循序渐进式原则，学校教学内容以外语学习为主兼修自然科学。同时，旨在培养翻译和外交人才的京师同文馆更是注重翻译教学。

首先，八年制的课程表突出地反映了译书在整个教学中的重要地位。除了第一年是英语基础入门外，第二年就开始有翻译练习，从翻译句子，到公文，再到书籍，难度逐年递增。参与书籍翻译的不只有教习，还有以汪凤藻为代表之类的优秀学生。据统计，京师同文馆翻译的西书有 30 多种，涉及法律、天文、数学、物理、化学、语言学等人文社科、自然科学及语言学习三大类。其中还创造了多个"中国第一"，如第一部法律书籍《万国公法》、第一部外交学书籍《星轺指掌》、第一部英文语法书《英文举隅》、第一部资产阶级经济学著作《富国策》。这些译著不仅起到了引介和传播西学的作用，也成为同文馆教科书的主要来源。为了让学生出馆之后能够即刻胜任外交事务的岗位，同文馆特意选择了外交公文之类的材料让学生进行翻译或核对条约的工作。各国外交照会，更是成为馆内考核的必考题型。以下是京师同文馆 1895 年的英文考题：

英文照会为照复事。案查成都滋闹一案，本大臣曾以川省藩、臬两司前往重庆，会同领事及两教士，查明滋事情由，有闰五月二十一日照会贵署在案。昨于二十四日接准复文，均已阅悉。查来文内于本

臣请派两司前往重庆会查一节，并未直言不允，仅重述贵署前言，以
川东道与领事馆就近会商妥办云云。窃以为以上办法，实难应允，若
贵署所拟之法，尚能照行，则本大臣无不甚愿相从。惟此事至关紧要，
若能令川臬前赴重庆会办，本大臣即可允领事及两教士与黎道在重庆
会商，否则惟有执定前言，在省城查办此案可也。须至照会。

　　通过翻译照会帮助学生了解外交事务的内容，熟悉外交语言，对他们毕业
后快速适应工作大有裨益。除了外交文书，各类洋文新报上面刊载的"有关风
俗政令者"都成为同文馆学生的翻译源文。不同类型材料的翻译为学员们积累
了丰富的笔译经验。

　　其次，总理衙门还通过要求同文馆的学生参与外交实务以提高他们的口译
实战能力，即"学生除正课外，须为总理衙门兼任译员"。为了培养学生同外国
人打交道的能力，1866年3月，同文馆派出张德彝、凤仪和彦惠随山西襄陵知
县斌椿出国游历。这次走出国门的游学实践对同文馆的学生不仅起到了"增广
见闻，有裨学业"的效果，同时也发现学生在具备了初步的语言基础后，派驻
海外游学是进一步提高的好方法。1876年，张德彝和凤仪又以使馆翻译官的身
份随同郭嵩焘出使英国。除了派遣学生出洋见习，光绪二十一年（1895）的堂谕
又规定："嗣后各国会晤，应派熟悉该国语言之同文馆翻译官及学生等一二人，
在旁静听，以免洋员翻译参差"。这意味着同文馆的学生可以列席国内的外交
现场，在需要进行外务交涉时，可以随外交大臣前往直接进行现场翻译。

　　可以说，京师同文馆在笔译和口译方面展开的实践教学活动一方面与其培
养翻译、外交人才的目标相契合，另一方面也是对理论与实践相结合教学方式
的一种尝试，它不但有利于夯实学生英语基础，提高使用外语的驾驭能力，而
且动了京师同文馆对教学形式的探索。光绪二十一年十二月的奏派学生出洋片
提出：

　　近来交涉日繁，需材益众，臣衙门同文馆延请各国教习，俾该学生
学习语言文字。溯自开馆以来，学有成就者尚不乏人，第恐限于见闻，
未能曲尽其妙。臣等公同斟酌，拟于英法俄德四使馆，各拔学生四名，

分往学习语言文字算法，以三年为限，责成出使大臣，严为稽核。

派出优秀的学生出使中国驻外使馆或是在国外留学深造，使学生获得了直接参与外交实践和学习语言及西学的机会，可以看作是前期实践教学形式和人才培养模式探索的进一步延伸。

最后，京师同文馆在办学的过程中逐步摸索和建立起一套严格的奖励、考核等教学管理制度，为其教学活动与教学质量提供保障。

同文馆在创立之初的整个社会风气还未开化，愿意入馆学习的人凤毛麟角。为了吸引学生，同文馆规定对于初入馆的学生每月发放三两膏火银。之后，京师同文馆的外文馆根据学生的语言基础分为前馆和后馆，前馆学生的知识程度和语言水平都要略高一点，后馆一般都是新入馆的学员，程度较低。"入后馆肄习洋文者，月给膏火三两；俟学有成效，选拔前馆，月给膏火六两"。光绪五年的堂谕规定："因事关交涉，是以于该生在馆供给一切外，仍分别等第给予膏火银两，用示优待。向来各学生膏火计分四等：上等每月十五两，系兼副教习学生；二等每月十两；三等每月六两，系前馆学生；四等每月三两，系后馆学生。"

"皆按资格造诣以次递升，有长必录。"此外，"至选派出洋充翻译学生者，月给薪水一百两，充三等翻译官者，月薪水两百两，余随升阶逐增，以昭激劝。"每月十几两银子在当时绝对算是优待，因为"一个翰林，给中堂尚书家教读，每月最多也不过八两银子"。对于能够被选派出洋翻译或充当翻译官的学员，薪水则更为丰厚。总理衙门之所以能够对京师同文馆学生提供如此优厚之待遇，一则体现对同文馆培养外交、翻译人才的迫切与期望，二是由英国人赫德控制的中国海关为其提供了充足的经费。稳定的经费来源及可观的待遇对吸引优质生源及激励馆内学员的外语学习发挥了积极的作用，而同文馆的考试制度为学员的奖励提供了依据和标准。

同文馆从成立伊始就仿照旧有俄罗斯馆规定了考试制度，考试形式分为月考、季考和岁考，具体要求如下：

月课则每月初一日由该教习拟定文条，散给诸生翻译誊卷，该教习分别等第注册备查。季考则于二月、五月、八月、十一月之初一日举行，出题、等第，均如月课，惟试卷则呈堂裁定，始行注册……至岁试则于每年十月初十日前，堂定日期面试惟所试之艺，现在甫经开学，于外国文字未必遽能熟悉，一年之内，应先用满汉文字考试，俟一年后学有成效，再试以各国照会，令其翻译汉文。

不难看出，同文馆的考试频率还是比较高的，每月都有考试。月考由教习自主命题，以翻译的形式进行考查，而季考更显正式，试卷需要学馆审批后才能使用。而岁考作为非常重要的一场考试，除了笔试外，还要进行以"翻译条子"为形式的口试。由于初入同文馆的八旗弟子汉文不通，所以岁试放在一年之后，以清政府与各国外交往来文书的翻译为考试内容。此外，京师同文馆每三年还要举行一次大考。它的第一次大考在1865年11月举行，历时九天，奕䜣等人亲临考试现场面试学生，参加阅卷的除了各馆洋教习，还有海关税务司的赫德，可见大考规格之高。"初次考试，将各国配送洋字照会令其译成汉文；复试将各国条约摘出一段，令其翻译成洋文。"所以，笔试部分仍然是各国照会和条约的洋汉互译。大考的第三个环节就是面试，翻译汉语条子，下文是1895年大考汉文条子题：

> 言行拟之圣贤，则德业日进；名利付之天命，则妄念自消；报应念及子孙，则作事自厚；受享虑及疾病，则存心自淡。
> 守本分，就是中国良民；明人伦，就是圣门弟子；保精神，就是道教修炼，存慈悲，就是佛氏心肠。

面试环节的具体程序如下：

> ……由臣等密出汉话条字，按名交该学生等令其翻译成外国言语，隔座向外国教习侍讲，再令外国教习将学生言语译汉，写明两相核对。

这种先由中国学生汉译洋再转给教习将其还译成汉语的考试形式应该说是

同文馆的创举。它的特别之处就在于洋教习需要再次译回原来的汉语。如果考生不能将汉语准确地译为外语，就会在很大程度影响洋教习的汉译。因此，它对考生中西语言贯通能力的要求特别高。根据《同文馆学生考试情形折》，本次大考位于前列的学生"虽翻译尚无错误，然究属一知半解，于西洋文字未必全局贯通"。显然，由于办学时间较短，同文馆的办学效果还没有达到预想的效果。八年制课改后，岁试和大考还要求学生使用外语参加西学课程的考试。以下是光绪四年(1878)岁试天文题：

> 天文题(洋文)
>
> 试推月距地若干远，并论其法。知某星带径地之带径并星地相距三者，试推其日距角度公式。克伯尔测天文三纲，试一一言之。弧三角有边求角，有角求边，试列各其式。椭圆求面积，其公式若何？

使用外语作为其他学科课程的考试语言应该说是同文馆考试形式的又一变化，它既符合同文馆的洋教习在西学课程上以外语为教学语言的教学活动，又促进了外语学习与其他学科知识的融合，这对于学生外语水平的提高和学科知识的掌握都是极为有利的。随着京师同文馆的发展，它在考试日期、考试时间、考试内容、考试结果的奖惩等方面都做出了变动和详尽的规定。

无论是奖励制度还是考试制度，京师同文馆从创立以来都在进行不断的调整与完善，一方面显示了总理衙门对这所外国语学校的高度重视，另一方面它在人才的选拔、实施教学改革、提升教学质量等方面起到了积极的作用。

四、办学成效及影响

京师同文馆从成立到并入京师大学堂历经四十载，它的创办迈出近代中国向西方学习的第一步，亦是清政府"师夷长技以制夷"的一个重要举措。作为一个新生事物，它无旧例可循，在发展过程中遇到了生源不足、师资水平有限等各类棘手的问题。更重要的是来自清廷内部顽固派的阻挠和最初社会对学习西语鄙视的态度也使得同文馆的发展举步维艰。正是在这样环境下，京师同文馆通过自身不断地摸索进行改革和调整，取得了一定的发展。对于同文馆的办学成效，相当一部分都是给予了积极评价：

> 同文馆自创设以来，于今已数十年。其中因学业已成、可充副教习及可作翻译等官。足以随钦使出洋者已有数人，即在馆诸学生莫不焉有日上之势……其学业分数等，先从语言入手，然后由语言而文字，由文字而义理，由是而算学天文、机器程法之类……课则有程，息则有时，其意之良而法之美，可谓毫发无遗憾矣……天资敏捷者不过数年可以收效，即钝者亦将涵濡渐渍，以默化潜移而底于成……故谓同文一馆，其所以裕人之才以储他日国家之用者，其效为甚捷也。

> 窃臣衙门设立同文馆以来，迄今二十余年，所有延请外国教习，指授学生各国语言文字以及天文、算学、化学、医学等项，冀于洋务有裨。历年以来，洋教习等均能始终不懈，各学生等因而日起有功，或随带出洋充作翻译，或升迁外省及调赴沿海各处差委者已不乏人，实属卓有成效。其各教习训课之余，兼能翻译各项书籍，勤奋尤为可嘉。

从这两份来自当时社会媒体及同文馆主办机构总理衙门的材料来看，他们对京师同文馆的教学内容、教学方法、教学效果，特别是人才培养方面充分给予了肯定。曾在京师同文馆任总教习之职长达25年的丁韪良更是将同文馆的发展比喻成"一星小小的荧光竟变成了一座巍峨的灯塔"。从京师同文馆的办学效果来看，它在中国政治外交、英语教育及传播西学等方面发挥了重大作用。

清政府在鸦片战争之前由于奉行闭关锁关的政策，与西方各国基本没有外交往来。中国的大门被列强洞穿之后，才被迫开始与其进行外事交涉。早前因为语言交流障碍，在一系列的外交事务中清政府经常处于被动的局面。因此，京师同文馆培养的学员首先就是进入外事部门以解决外交人才短缺的问题。根据《京师同文馆学友会第一次报告书》所附学生离校后的情况一览表，毕业于京师同文馆的学员相当一部分都在涉外事务的各个部门工作，所任职务包括外交部佥事、译电处翻译、领事官、使馆随员等。有了这些专门的外语外交人才，清政府之前依靠外国人，通事、"舌人"办外交的局面得到很大改善。为了避免因条约有误而遭受西方列强的欺蒙，总理衙门要求京师同文馆的学生在馆学习期间就开始协助其核对以往与各国签订的条约以达到"更为的确"的目的。通过自身的语言知识，他们在外交文件的翻译和审校工作中发现并提出了不少漏洞和矛盾之处，切实捍卫和维护了清政府的外交权益。

京师同文馆作为一所外国语言学校，它的办学经验对我国的外语教育，特别是英语教育也起到引领和借鉴意义，主要体现在以下几个方面：

一是确定了英语在我国外语教育中的主体地位。英语之所以能成为京师同文馆最早开设的外语课程，主要是其在中国的地位和影响决定的。首先英国是清政府政治外交主要的交往对象。两次鸦片战争都是由英国发起，中国近代历史上第一个不平等条约《南京条约》也是与英国签订的。根据中英《天津条约》的规定，条约中的条款内容均以英文为正本。不仅在与英国的交涉中如此，一些以非英语为母语的国家也参照英国的做法。中国与丹麦签订的《天津条约》中就规定："大丹麦大臣并领事馆等员，所有行知大清国大臣官员等公文各件，俱用英文书写，仍以汉文译录，暂为配送，俟中国学习英文熟习通彻，即不必配送汉文；惟遇有日后设有文词辩论之处，丹国总以英文作为正义。"因为语言障碍可能会导致被动的局面，清政府不得不重视中外交涉事务中最常见的语言。其次，当时社会对英语的通用性已经形成了共识。鸦片战争后，随着通商口岸的相继开放，因为贸易、商务的关系，在广州、上海等地居住外国人特别是英国人日益增多。街上洋人开设的商行、店铺随处可见。对于当地民众来说，倘若学会一点英语便能在这些洋行谋得一份差事以获得较好的收入。之前认为英语是"夷语、蛮语"的态度发生了极大的转变，英语的商业价值逐渐被认识。特别是到了19世纪末，为了满足社会对英语的需求，一些英语培训班或夜校顺势而设，尽管这些培训机构大部分教授的是不标准的洋泾浜英语，但是因为其简单、容易上手还是使学习者趋之若鹜，正可谓"英语英文正及时，略知一二便为师，标明夜课招人学，彼此偷闲各得宜"。最后，洋务派初次涉足主办新式教育，受到财力和精力的限制，短时间找到合适的师资并不容易，英语教习尚且是威妥玛推荐的英国传教士包尔腾来担任，找到其他语种教习的合适人选则更是困难。所以奕䜣等人才决定"至将来学生增多，及觅有教授俄法等国语言文字之人，再行随时酌增，分堂教授"。此后，在近代中国外语教育史上，英语这门语种一直便处于最核心的地位。

二是在外语教育中重视汉语教学。关于汉语在外语学习中的重要性认识，其实也是在京师同文馆办学过程中逐步摸索出来的。总理衙门在最初同文馆章程中规定招收"现习清文"八旗子弟，因此在被招入同文馆之后学员还得学习汉语。为了保证汉语的学习效果，总理衙门采取了一些措施。首先是把汉语课的时间安排在上午，"学生向例早晨学习汉文，午后学习洋文"，这种安排充分说明对汉语教学的重视。同文馆还经常强调"至汉文经学，原当始终不已"，即汉字汉学的学习是理所当然的，以至于这门必不可少的课程都不必专门呈列在课表之上。这也是在后来颁布的八年课程表或五年课程表中均未列出汉语这门课程的原因。其次，还通过增加课时的方式延长学员学习汉语的时间。1898年同文馆的续增条规中明确指出，"礼拜之日，各洋教习向不到馆，是日正宜温习汉文……前后馆学生，每周礼拜日，加添汉文功课，试以论策"。在汉语学习上，对于初学者"每日专以半日用功于汉文"，如若取得进步"亦皆随时练习作文"。起初招入同文馆的学员因为只有满文基础，对于他们来说同时学习汉语和外语负担确实过重，给学习效果带来了不好的影响。总理衙门发现"各馆学生于洋文洋话，尚能领略；惟年幼学浅，于汉文文义，尚难贯串"。洋务大臣们也慢慢认识到"本衙门设立同文馆原为学习洋文，然必通晓汉文者，方能于洋文得力。汉洋自应一体专心分学"。于是在奏请天文算学馆之际提出招生对象为满汉举人、五类贡生和正途官员。这些正途官员大都经过科举考试，已经具备了相当的汉语基础。总理衙门对同文馆生源的扩张应该是基于这一点。针对馆内学员在汉语学习上出现的懒怠现象，同文馆也出台了一些政策规定：

> 后馆近来竟有午刻始行到馆，并不学习汉文，殊属有违馆规。嗣后前后馆学生仍照旧章白春分起限十点钟，自秋分起限九点到馆，当面画到，如逾时不到，即照章办理。午后仍著提调不时抽查。倘有画到后出馆者，即著从严惩办。其后馆学生有告假及不到者，即责成汉教习开列姓名，送提调处，与画到薄核对查核，以凭办理。

> 近闻每逢外国礼拜之日，该学生等即不照常到馆学习汉文，殊非认真用功之道。为此谕前后各馆学生知悉：嗣后除每日分做功课外，凡遇礼拜期，务

须到馆专心学习汉文，一例赴提调处画到。有不到者仍按日扣除薪水；其旷功日多者，有提调回堂酌办。

可见，对于没有准时到馆学习汉语的学员会责成相关人员向提调报告进而受相应惩罚。京师同文馆作为外语学堂强调汉语教学，一方面是培养翻译或双语人才需要提高母语水平保证翻译的质量。正如齐如山所言："没有好汉文的底子，便不容易学到好洋文，就是学得好洋文，也是外国人的好洋文，不是中国人的好洋文"。另一方面，洋务运动"中学为体"的办学思想也要求学生在学习外语的过程中必须保持汉语及其汉学经典的正统地位。虽然在馆内日常的外语教学中，汉语学习的实际效果并不理想，但这种重视汉语的教学思想为日后外语教学中逐步形成强调汉语和汉学的传统奠定了基础。

三是强调翻译实践教学，注重实用型人才培养。京师同文馆无论是在平时的教学环节还是考试环节，都凸显了翻译的重要地位。它既是一种考核手段，也是一种教学方法。让同文馆学员和教习一起参与西书的翻译，既提高了语言能力和翻译水平，又解决了教科书的问题，在传播西学方面"就引导国人认识西学之功，实可谓当之无愧"。总理衙门凭借其机构便利也为同文馆的学生提供了良好的实习和见习平台，通过参与现场的外事交涉，学员们或观察或学习或直接承担翻译任务。这种学用结合的实践性教学模式培养出了一批中国近代化的实用性人才，它是封建传统的旧式教育孵化出来的士大夫难以企及的。

毕竟，京师同文馆作为在"中国新教育的先锋队"中打头阵的外语学堂一直处于自我摸索的过程之中，在取得成绩的同时必然也存在一些突出的问题，招致了不少诟病与负面评价。曾经在同文馆就读的齐云山就指出：

> 按创办同文馆的年代及耗费款项，都应该有很好的成绩，而且在光绪中叶以后，上海的广方言馆，及广东的同文馆，两处的优秀学生，都要经考试送到北京同文馆，接续肄业，此名曰升学。照这种情形说，本应该训练或造就出来许多外交人才，但可以说是没有。外交官还有几位，而够得上外交家的，是一个也没有。我常对外交部的人员，议论这件事，他们说，外交家本不容易，没有造就出来，是没有遇到造就外交家的机会。其实这话是强词夺理，中国自咸丰以后，是

天天有外交的事情，天天用得着外交家，可以说天天有造就外交家的机会，怎么说没有遇到呢？我常想，造就一个外交家固然不容易，但这些年的功课，主要的只是洋文，又有些人到外国去留学，总可以造就几位文学家罢，但也没有，不但没有文学家，连能写较好点洋文的人都没有。

这段文字反映出对同文馆投入和产出不成正比的办学效果表示不满。由于同文馆获得了海关税务司的经济支持，比起教会学校，它的办学经费相对而言比较充足，虽然从同文馆也走出了像张德彝、汪凤藻等颇有建树的代表人物，但是没有培养出像容闳、颜惠庆、伍廷芳等来自教会学校但名声更为响亮的近代外语人才。晚清大臣锐志也在其《请饬派学生充当出使翻译参赞等片》中称：

总理衙门同文馆之设，历有年矣，各省拔尤而送到之人为数多矣，而出洋大臣奏带同文馆学生充当翻译者，卒不多见，金谓学生文字虽精，语言不熟，每有临时传述而洋人茫然不解者奴才曾经实验，令其与洋人对面交流，诚有不解者。

"文字虽精，语言不熟"明确指出了同文馆培养外语人才的缺陷。普遍来说，学生的外语水平"文"与"语"失衡，即笔译相对较好，而口译或口头表达能力较差。

诚然，京师同文馆在外语教学、人才培养上确实存在这样或那样的问题，却仍然改变不了它作为洋务学堂楷模和新式教育典范的地位，也掩盖不了它在中国近代化过程中所做出的特殊贡献。总结京师同文馆在办学过程中存在的问题并分析原因，对推动近代中国教育特别是英语教育进一步向前发展奠定了基础。

第二节　京沪粤同文三馆之比较

京师同文馆创办后，上海广方言馆与广州同文馆分别于 1863 年和 1864 年相继成立。作为我国开放最早的通商口岸城市，将外国语言学馆开设在这两地是合理的。正如李鸿章在请奏开设上海广方言馆所说："惟是洋人总汇之地，以上海、广东为最，种类较多。书籍较富，见闻较广。语言文字之粗者，一教习已足。其精者，务在博采周咨，集思广益，非求之上海广东不可"。这两所专门外国语学堂因其所处的地理位置及社会环境与京师同文馆相比呈现出明显的差异，以下将从招生、学制、教学、师资、人才培养等方面对三地的同文馆进行分析。

一、招生范围与条件

京师同文馆在最初的章程中规定按俄罗斯馆旧制招选资质聪慧、正在学习满文、年龄在十五岁上下的八旗子弟，增设天文算学馆之后改为从年龄二十岁以上、汉文已通顺的正途官员当中进行选拔，并增加了入学考试。虽然招生范围有所扩大，但对学员年纪的修改使其招入了不少大龄学员。根据丁韪良的《同文馆记》，有些学员甚至已有孙子辈。年龄偏大的学员既无心学习洋文，即便有心也存在心有余而力不足的情形。再来看上海广方言馆。它只比京师同文馆晚成立一年，但它的招生却打破了八旗子弟的局限。李鸿章在其奏折中特别强调："中外交涉事件，则两口转多，势不能以八旗学生兼顾，惟多途以取之，随地以求之，则习其语言文字者必多。人数既多，人才斯出"。显然，李鸿章提出的招生思路更为开阔。在认识到京师同文馆在八旗子弟内部选拔学员给招生带来了极大的困难后，上海广方言馆从一开始就取消了民族、地域或社会地位的限制以便使更多的人具有入学资格。此外，选拔学员需要经有品望的官绅保送再经过现场面试，"择时文之稍通顺者"而入馆学习。与京师同文馆起初择选正在学习满文的旗人不同的是，上海广方言馆设置面试环节考查学生的汉语水平以确保生源质量，从而提高学员入馆后的学习时效。广州同文馆在上海广方言馆之后成立，按理说在生源的范围方面可以效仿上海，但它并未如此。根据两广总督督察院左副都御史晏端书和广东巡抚黄赞汤上奏，"粤省则应取诸广州驻防"。这其中的直接原因便是广州将军库克吉泰早前"已挑有八旗子弟百余人，令其勤习翻译，行之数年，训课策励，颇著成效"。虽然这些八旗子弟只是从事满汉的翻译实践，但考虑到可能会有相通之处，广州同文馆的主办者便提议直接从这群人当中选拔并得到朝廷的批准。事实上，广州同文馆第一次按正学设额 20 名，附学招生，其中还是有 4 名汉人学生。只是后来发现馆内的汉籍学生无论是正学还是附学，学习不够勤奋，也不能自始至终，通常学习一两年掌握了一点外语之后，便找各种理由出馆到社会上自谋职业。因此，两广总督瑞麟决定"嗣后同文馆学生专用旗人，毋庸再招汉民"。如此一来，广州同文馆的学员基本上都是旗人了，成为旗人的外语学堂。

二、学年制度

上海广方言馆的学制在其章程中明确为"肄业生三年期满"。1870 年颁布了《广方言课程十条》后，整个学制被分为两个阶段，下班（基础课程学习）一年，上班（专业课程学习）两年，并规定了每个阶段的不同课程。广州同文馆也是"以三年为期"，只是毕业之后担任翻译官的学员如若不能胜任其职责可再入馆学习三年。京师同文馆最早的八大章程也是规定"每届三年"。只是 1876 年公布的八年制课程表和五年制课程表将其改为了八年或五年。但实际上，这个八年课程并不是一个硬性的规定，也不是一个严格的学年制度。正所谓"且学问之道，日进有功，亦难示以年限"。因此，不少京师同文馆的学生在已经开始从事外交活动之后，甚至是多次出国担任翻译官的情况下仍然继续留馆，感觉这些学生"好像永远不能从这里毕业一样"。虽然京师同文馆针对那些不能潜心学习或考核不通过的学生制定了撤馆的处理办法，可是从众多史料来看，真正被退馆的学生很少。倒是发现同文馆的在馆学生人数不断增加的现象。这说明了同文馆每年按额招收了新生，而老生却没有按期离馆。与此不同的是，上海广方言馆对学制控制得较为严格。如果学员三年肄业后不通过毕业考核便清退出馆。京师同文馆在馆人数的增加给办学经费带来了不小的压力，最后迫使其做出了只有当老生有缺额时才能招入新生的决定。可见，与粤沪两地的同文馆相比，京师同文馆的学制不够明确。本身学制年限长，加之留馆时间的增加自然会对人才培养造成不利的影响。

三、课程设置

上海广方言馆在 1863 年开办时设置了四门课程，分别是经学、史学、算学和词章，最初洋文只开设了英语科。根据章程的要求"凡肄业者算学与西文并须逐日讲习，其余经史各类，随其资禀所近分习之"。英文课程不仅每月有两次考试，"问其所通言语文字多少"，对于"西语西文茫无通晓者"，会即刻清退出馆；"如西文西语以及所业文均有进益"，则会赏银奖励。可见，相对于京师同文馆，上海广方言馆对英语学习的管理更为严格，并利用奖赏制度来引发学员对外语学习的重视。此外，因为"西人制器尚象之法，皆从算学出，若不通算学，即精熟西文，亦难施之实用"，上海广方言馆对算学科也极为重视，成立之初就开设了这门课程。而京师同文馆的天文算学馆是在其成立几年后才设立，比上海广方言馆晚了好几年。

京师同文馆最初设置的课程只有汉语和英语。由于第一批招收的都是只懂满文的八旗子弟，所以汉语教学的起点是比较低的。相比之下，上海广方言馆招收的学员都经过汉语测试，具有较好的汉语基础，所以入馆后汉语教学的重点内容在经学和史学。京师同文馆与上海广方言馆在各自的发展过程中对其课程都进行过重大调整。前者主要是在八年制课程表添加了涉及自然科学、人文科学等不同种类的多门课程，后者是在并入江南制造总局后颁布了《广方言馆课程十条》，在原来课程的基础上增添了诸如机械制造技术、水陆军事等急需的实用课程。李鸿章、冯桂芬等人在筹备上海广方言馆时就已经认识到该馆除了培养外语人才满足外交需求，还可以为引进科学技术创造条件：

> 至西人之擅长者，历算之学，格物之理，制器尚象之法，无不专精务实，浏有成书，经译者十之一二，必能尽见其未译之书，方可探赜索隐，由粗迹而人精微。我中华智巧聪明，岂出西人之下！果有精熟西文者转相传习，一切轮船火器等巧技，当可由渐通晓，于中国自强之道似有裨助。

这种将外语教育与自强运动相结合的教育思想恰恰在上海广方言馆的课程设置中体现出来。

此外，《课程十条》也对原有教学科目内容进行了细化和具体的说明。关于习经，为了方便课堂讨论教学，拟讲《春秋左传》，规定了使用的版本为杜注本，讲解悉遵《钦定春秋传说汇纂》，可参考近贤颜氏的《春秋大事表》、姜氏的《读左补义》、魏氏的《左传经世》等等，还要求学生"务当循省诵习，发明意旨"。关于习史，确定读本为《通鉴》，要求学生"一日之中，限以定程，细心玩读二十页"。"循是而读《通鉴外纪》，毕氏《续通鉴》以及《明鉴》《明纪》"。对于读史的方法建议放置小册于案旁，每有心得之时以便记录，或作论一篇，可资探讨。至于其他课程的情况，这里不再一一列出。《课程十条》不但呈列了具体的课程名目，而且对于设置这些课程的目的、教学用书、教学方法以及学时等都提出了详细的方案和规划，初具现代教学大纲的雏形。通过这个课程设置，不难发现上海广方言馆比起京师同文馆更注重国学，不仅强调读史读经，还鼓励学生作八股。但国学课程过多必然会挤压学习外语和西学课程。1867年夏季，上海广方言馆的学生因为将自己的精力投入到即将在南京举办的三年一度的乡试而导致几乎没怎么学习英文，对此英文教习林乐知（Young John Allen）表示不满。较之京师同文馆与上海广方言馆设置西语与西学课程相结合的丰富性，广州同文馆的课程设置就显得单调不少。它一直以语言学习英文和汉文为主，而且"仍随时兼习清字清语，以重本务。"重视清文的学习以及汉清翻译应该是广州同文馆与其他两馆在课程设置上的最大不同。1879年，"因遣使各国及办理公事急需法文，而布国交涉事件近亦不少，自应一律学习"，于是，广州同文馆又增设了法、德两馆。其生源采取从原有英文馆调拨和新招学员的方式。对于两馆当中原英文馆的学生要求"仍定以日期，温习英文，不使前功荒废"。对于一位学员同时学习两门外语也是广州同文馆所特有的。后来德文馆没有开设起来，1897年又增加了日语和俄语。

四、英语教学

据《清会典》记京师同文馆各科课程内容，馆内的英语教学"先考其母以别异同（英文字母二十有六……），次审其音以分轻清重浊之殊（以唇舌牙齿喉腭定其音），次审其比合为体以成文（凡洋文皆合字母以成字，有主音，有辅音，合以成文……），次审其兼通互贯，以识其名物象数之繁。设汉洋教习以分导之，立总教习以合语而董成之"。八年制课程表实施以后，低年级阶段对英语语言基础进行集中强化训练，进入高年级阶段，则将英语训练置于科学知识的教学中。上海广方言馆的英语教学也是从基础的发音开始，然后教授英语基本的语法规则，通过默写、拼读和朗读等练习逐步提升英语能力再开始做简短的翻译。林乐知在任教习期间，依据学生英语能力分成三个班，选取不同类型的课本对三个班进行有针对性的教学。广州同文馆也有类似的举措，分为甲、乙、丙三级，因为三年为期，所以一般情况下学员从初级班丙班开始一年往上升一级。甲班作为高级班，洋教习授课全程使用英语，训练学生能讲能听。

上海广方言馆在实施英语教学时特别强调中文的桥梁作用。在洋教习授课时，"派通习西人语言文字之委员董事四人，环坐传递语言"。显然，这4名董事就是随堂翻译，负责将洋教习所讲内容翻译成汉语传授给堂上学生。据查，广州同文馆也有类似授课方式。对于刚招入馆的学生基本上都是不会英语的，因此，一般情况下，同文馆在聘用洋教习时，会优先选择会汉语的洋人，如京师同文馆的英语教习包尔腾、丁韪良，上海广方言馆的英语林乐知、广州同文馆的英语教习谭顺（Theos Sampsom）等人都会汉语。但在京师同文馆的有关史料中似乎没有提及这类授课方式。虽然英语教习大都会汉语，但不是所有的教习都是精通汉语的大师。上海广方言馆之所以率先采取这种授课形式是想藉以董事的中文翻译使洋教习的教授能让诸生易于领受。从《再拟开办学馆事宜章程十六条》来看，对于会汉语的洋教习，上海广方言馆也希望他们能在授课环节多使用汉语教学：

> 而馆中延订西国学问通贯之人为西教习，似宜精通中国语言文字，斯义理之奥、名物象数之繁，方能以语言文字相为授受。课读讲解之时，拟宜和中国语言，讲明意旨。次以西语口授，不但审其字音，并分明句读，以西语连贯读之，日久习熟。其学生能通西语者，即以西语讲解其义，或以中国文义译出西文，而以西语解之，如能译出西书全，则西语西文无不贯通矣。

发挥汉语的桥梁作用，使用汉语进行讲解的确有利于学生对知识的理解和接受，而且这种先以中文讲明意旨，后以西语口授的方法对于学生贯通中西也颇为有益。只是它对为学生提供更多的语言输出创造更为有利的外语学习环境产生了一定的影响，也会造成学生在外语学习的过程中对母语过度依赖。应该说，上海广方言馆首创的这种特别授课方式有利有弊。

五、实践教学

作为以培养翻译外交人才为首要任务的同文馆，自然对翻译这项技能格外看重。从授课方式到考试形式再到实践教学，京沪粤三地的同文均将翻译放在了突出的位置，翻译外交文书、西学书籍则是同文馆师生主要的实践教学形式。但是由于三馆所处的环境各不相同，它们在实践教学方面也呈现出不同的特色。上海广方言馆的教习林乐知除了在课堂上给学生展示一些科学仪器之外，还带领学生参观煤气厂、面粉厂以及江南制造局的车间。对于江南制造总局为了提高工人的制造与操作水平而开设的夜校，上海广方言馆还派出学生充当课堂上外籍工程师或专家的翻译，通过这种实践活动形式将语言学习与学科知识融合在一起。此外，广州同文馆的学生翻译了一些中国民间故事如三国演义、蔡文姬归汉、廿四孝的卧冰求鲤、哭竹生笋等，译为英译初稿后，由英文教习森马士修正作为讲义。这些故事，因为多为学生所熟知，所以学生学习起来一是比较有兴趣，二来是容易理解领会。这种以中国民间故事为题材的翻译实践应该是比较新颖的，它不仅锻炼了学生的英语运用能力，也为学生提供了合适的英文阅读材料。而京师同文馆则凭借其在清朝统治中心的地理位置而获得了核对条约、参与外交文书的翻译、直接参与总理衙门处理外交事务的现场、在各国会晤上旁听洋员翻译、随团出洋担任翻译等机会。无论是以什么为内容或采用什么形式，同文三馆的实践教学"无一不是将外语教学从课堂延伸到课外实践中，既验证了所学，又培养了他们的语言应用能力"。

从京师同文馆到广州同文馆，短短的几年间清政府就相继成立了三所专门的外语学堂，可见当时对于外语、外交人才需求之迫切。虽然在办学成效或社会反响上三地学校有所差异，但它们作为近代教育启动的标志和学校正规英语教学的开端，对中国教育的转型，对近代化人才的培养产生了重要影响。《京师同文馆学友会第一次报告书》对毕业于三馆当中的174人进行过统计，从他们离校后所从事的职业来看，上至外交部长、司长等高级官员下到普通的翻译、办事人员，在外交领域从业的有74人，占43%，担任政府官员或职员有82人，占47%，其他少数人进入教育或事业行业。不难看出，从同文三馆培养学生的结果来看，它们实现了其造就翻译、外交人才的办学宗旨。但从同文三馆走出的毕业生为近代中国教育、文化和经济方面做出过重大贡献的人并不多，正如下文所述：

> 同文馆的全部历史，可以说是洋务运动的缩影，它说明了一个道理，在不允许触动封建主义的指导思想和统治机构的条件下，想要建立起新的经济和文化、那是徒劳的。洋务派的目的是维护一个旧的中国，他们的一切设施，无不是和旧势力妥协、调和的结果，狐狸狐滑，非驴非马，结果同文馆并没有办成真正新式的学校，同文馆的学生也没有培养成为有新文化、新思想的一代新人。

第三节 "西技"学堂的英语教学：
以福州船政学堂为例

洋务派除了在京师、上海、广州三地设立了专门培养外语人才的同文馆，也在一些重要的城市开办了以技术和军事为主要内容的其他洋务学堂，成为近代中国学习西方先进科学技术的重要阵地。

这些洋务学堂尽管是以技术、军事课程为主，但普遍都非常重视外语学习。同治五年十一月左宗棠奏设福州船政学堂时指出"欲广其传使中国才艺日进，制造、驾驶民转授受，传习无穷耳。故必开艺局，选少年颖悟子弟习其语言文字，诵其书，通其算学，而后西方可衍于中国"。光绪十一年五月李鸿章在其创设武备学堂折中也提到"泰西武备之学，皆从天算与舆地格致而来，欲造其极诣，必先通其语言文字，乃能即事穷理，洞见本源"。光绪十五年十月张之洞在办理广东水陆师学堂情形折中亦认为"初入学堂，权令学习英文算学以为基础，将来酌配水师陆师仍专一艺，此连年先后入堂学生分配学习大略情形也"。可见，在这些工艺、军事武备学堂里学习外语为首要任务。这其中主要缘由是学堂初期只能聘请懂科学技术的洋教习。由于课堂讲授和使用的教材均为外语，如果不能首先解决语言障碍的问题，专业技术的学习便无从谈起。有些学堂甚至在招生的环节就特意选拔一些已经具有一定外语基础的学员。福州船政学堂在其章程的"选材"中招收学员的途径之一便是"往香港选其曾读洋书数年者为一途，其曾读洋书者，收效较捷"。光绪八年李鸿章商局接办电线折中对于学生的挑选提出要求："招谙习英文学生四五十名，一体教习……至测量学生，前于出洋学生二十名内挑出八名"。直接招收会外语的学员当然会节省外语学习的时间以便迅速地取得办学效果。对于完全没有外语基础的学员，外语课程自然成为主要课程。《北洋海军章程》招考学生例中规定"按泰西各国各有水师，皆用其本国文字，即邻国时有新闻，自有译官翻译，无专使人习英文者。中国翻译人少，译馆未开，且水师事宜英为最精，故入堂学生先习英文"。因此，晚清的技术与军事学堂也成为外语教育的重要战地，其中以福州船政学堂最具代表性。

福州船政学堂是近代中国第一所海军专业技术学校，因其"办学时间最长、毕业学生最多，质量最好，影响巨大"而在洋务运动兴办的一系列军事技术学堂中著称。福州船政学堂的创办与当时的政治、军事、经济背景有很大的关系。两次鸦片战争的失败在战术层面上可以说主要败在自身的海防攻御。英国作为海上强国在战争中使用了当时极为先进的船舰，而中国则"水师直同虚设，船炮全无"，中国的海防完全不堪一击。林则徐在分析其战败原因时就提出中国海军"器不良，技不熟"，"剿夷而不谋船、炮、水军，是自取败也"。1866年，左宗棠一方面在《试造轮船先陈大概情形折》中指出"欲防海之害而收其利，非整理水师不可；欲整理水师，非设局监造轮船不可"；另一方面，他进一步论述了轮船在保护和发展民族工商业中的重要作用：

自洋船准载北货行销各口，北地货价腾贵。江浙大商以海船为业者，往北置货，价本愈增，比及回南，费重行迟，不能减价以敌洋商，日久消耗愈甚，不惟亏折货本，浸至歇其旧业。海滨地区，四民中商居十之六七，坐此阛阓萧条，税厘减色，富商变为窭人，游手驱为人役。并恐海船搁朽，目前江浙海运即有无船之虑，而漕政益难措手，是非设局急造轮船不为功。

无论是为了满足大清帝国发展军事技术的需求还是保护民族工商业，造船乃当务之急。洋务运动因此也将创办和发展军用工业、创设海军作为其重要内容。鉴于学习西方先进的造船和驾驶技术需要大量的人才，除了从"各局挑选内地各项匠作之少壮明白者"跟随洋人学习之外，左宗棠于1866年12月提出设立船政局的同时开设学堂，聘请"熟习中外语言文字洋师，教习英、法两国语言文字、算法、画法……挑选本地资性聪颖、粗通文义子弟，入局肄习"，已达到五年之后"能依书绘图，深明制造之法，并通船主之学，堪任驾驶"。不久求是堂艺局于1867年1月正式成立，由时任江苏巡抚沈葆桢具体负责办学，次年改为福州船政学堂。

成立福州船政学堂的目的是学习西方先进的造船和军事技术，这就决定学堂教学必然会与外语学习密切相关。左宗棠也多次强调了外语教学的重要性，他在《艺学说贴》中如是说：

> 大约艺事，以语言、文字、制造三者为要。能通中西语言文字，则能兼中西之长，旁推交通，自称日新业。其有取于语言文字者，为其明制造之理与数，虽不能亲手制器，尚可口授匠师，令其制造也。

可见，语言与文字教学在船政学堂中被置于首等重要的地位，对于学生来说只有解决了语言问题，才能明制造之理。他们面临的外语学习任务甚至比京师同文馆的学生还要紧迫。正是基于此认识，福州船政学堂非常重视外语教学，并在外语教学上取得了辉煌的成绩，以下试从教习与学员、课程体系、教学特色三个方面分析其成功的主要原因。

一、教习与学员

船政学堂在筹办时一面"延至熟习中外语言文字洋师，教习英、法两国语言文字",一面"挑选本地资性聪颖、粗通文字子弟入局肄习"。关于教习,船政学堂聘请了法国人日意格(Prosper Marie Giquel)和德克碑(Paul Alexandre D'Aiguebelle)。对于这两位教习的聘任,不仅因为他们是这个行业的专家,更是因为他们"深知中国文字言语,且礼数公牍亦所熟谙,不须言凭通事,字凭翻译"。虽然聘请洋教习是从第一所洋务学堂京师同文馆开始便有的做法,但同文馆洋教习的任用由海关总税务司把控,总理衙门并没有干预的实权,所以聘用洋教习的标准并不是以教学为中心。而船政学堂认为"洋人共事,必立合同",通过与洋教习签订合同对他们的职责、教学目标、考核奖罚等进行了详细的规定:

> 开设学堂教习法国语言文字,俾通算法,均能按图自造;教习英国语言文字,俾通一切船主之学,能自监造、驾驶、方为教有成效。此系卑镇等两人分内保办,决不有误。
>
> 现蒙宪谕,自铁厂开厂之日起,五年限满,如能照所具保约教导中国员匠于造船法度一切精熟,均各自能制造,并能自造家伙,并学堂中教习英、法两国语言文字,造船算法及一切船主之学均各精熟,俾中国员匠能自监造、驾驶,应加奖劳俾镇等银两人各二万四千两,嘉奖外国员匠银共六万两。
>
> 五年限内,该正、副监工及工匠等务各实心认真办事,各尽所长,悉心教导各局厂华人制作迅速精熟,并应细心工作,安分守法,不得懒惰滋事。
>
> 倘洋匠归西,中国匠徒仍复茫然,就令如数成船,究于中国何益?则调度无方,教导不力……请于六月自模厂始挑选匠徒之聪颖者逐加验试,洋匠头授之以图,令其放手自造。是后洋匠均不入厂,俟其自造模成,察看吻合与否,稍有丝毫未协,再为详谈说窍,令其改造。

根据规定,洋教习在教学任务上实行包办负责制,各堂教习必须在五年期限内保证学生能够自行造船或驾驶。达到这一目标才算是完成教学任务。"决不有误"这种措辞显示了合同对洋教习的约束力，表明了福州船政学堂对人事任免的绝对权力。此外，严格的劳动纪律对工厂洋匠也起到了良好的监督作用，使他们能够更好地发挥自己在外语教学以及专业技能上的指导作用。至于教学的内容以及如何考核学生能够达成规定的教学目标亦有详细说明。对达到要求、完成规定教学任务的教习及洋匠实行奖励制度以确保教学质量。

与京师同文馆创办之初由英国驻华使馆人员或海关税务司推荐教习人选不同的是，福州船政学堂对洋教习的聘用一开始就握有主动权，从入职前的严格把关到入职后的制度把控均有体现。对于洋教习的教学，清政府基本上都给予了积极的评价。针对教习日意格"始终事事，经营调度，极费苦心，力任其难……在工朝夕讲求，实属不遗余力"，德克碑"度地计功，购料雇匠，驰驱襄事"，加乐儿"循循善诱，学生素所悦服"以及其他洋员洋匠的表现，沈葆桢等大臣根据他们对船政学堂的贡献纷纷请奖。还有不少洋教习在聘约期满后由于出色的表现得以延聘并获得奖励。正是因为配备的外籍师资质量较好，船政学堂的学生在外语及专业知识的学习上都取得了令人满意的成绩，特别是外语水平，他们能与洋教习使用外语交谈，逐步能够读懂外文资料。

在福州船政学堂的外籍教师中，除了大部分来自英、法两国，还有来自南洋的华侨教习曾恒忠和曾锦文。学堂开办之初，在日意格从法国雇佣的首批教习和工匠来华之前，曾恒忠和曾锦文被聘用到船政学堂担任英语教习。作为福建、广东等地到东南亚的移民，他们通晓外语、汉语以及闽南话（或粤语），其中曾恒忠还曾留学美国汉密尔顿学院，具备深厚的西学功底。因为船政学堂学员以福建、广东籍为主，懂得英语、中文以及方言的语言优势使得他们在英语教学方面更为方便、有效。在聘用了大量的英法教习后，他们又在其专业技术授课中，通过双向翻译搭建了沟通教员和学员之间的桥梁，解决了语言沟通的问题。

随着福州船政学堂的发展，学堂毕业生也逐渐充盈到了师资队伍之中，本土的教师数量也多了起来。1877年，船政学堂正式派出了第一批学生留学英国和法国。这些学生在留学期间大都能刻苦用功，学成归国之后，大部分被分到福州船政局投身中国的造船事业，还有一部分则充任军事或技术学堂的教习，其中不少都留在了船政学堂。在洋教习合同期满回国之后，船政学堂的留校学生或留学回国的毕业生充任学堂教习，一方面节省了聘请外籍教习的高成本，另一方面他们流利的外语水平和深厚的专业技术知识继续保证了船政学堂的师资质量，推动了教学师资本土化的过程。

再说学员。福州船政学堂的招生打破了封建门第的限制，对生源背景没有特别要求，既不讲究出身，也不需要保荐，平民老百姓也可以参加入学考试。这种体现公开、公平的招生原则在中国近代教育史上应属首例。船政学堂的创办虽然得到了上至中央下至地方一些洋务大臣的大力支持，但是反对西学的保守派仍大有人在，一些官宦之家仍然视科举为正途而不愿意将聪颖弟子送到船政学堂，以至于学员当中大部分都是来自福建和广东一带贫困的平民阶层。尽管如此，通过报名、考试、面试及体检等一系列环节，学堂"择其文理明通"的优质学员入学从而保证了生源质量。

除了从内地报名的学生当中通过考试选拔学员，学堂还在广州、上海等通商口岸城市挑选有外文基础的学生，特别是还派人赴香港招收已经在英国学堂学习并具备较好英语基础的学员，"盖缘该学生在彼先已肄习数年，近朱者赤，变化更易为力"。第一批从香港招来的已通英文学生就有张成、吕翰、叶富、李和、李田、邓世昌、黎家本、梁梓芳、林国祥、卓关略等人。1876年船政大臣丁日昌向总理衙门汇报船政学堂后堂生源紧张，"除入扬武轮船并经洋将日意格带往英法各国游历外，现在均系新选幼童，仅习咿唔，难冀其即能升堂入室"。而当时"轮船数目日增"，学堂却无管驾之才。面对这种情况，丁日昌派遣"熟悉洋务之知府衔分发同知唐廷枢、同知衔黄达权，前往香港英国学堂，挑选学业可造之学生四十名，俟其到厂即派归后学堂，赶紧学习天文、算学、驾驶诸法，仍一面延请谙通西人，认真教督，庶人才日盛，不致有有船无人之虑矣"。这些从香港招收的学员因其所习外语为英语，大都进入了后学堂学习。考虑到具备一定的外语基础有利于提高办学效率，船政学堂后期对新生也提出了需要具有外语基础的要求，从而为学堂的人才培养提供了基本条件。

对于入堂学习的学员，船政学堂首先提供生活保障及就业保障，"各子弟饭食既由艺局供给，仍每名月给银四两，俾赡其家，以昭体恤"，"学成后准以水师员弁擢用"。此外，学堂还制定了严格的日常行为规范及奖惩、淘汰制度，以下为从船政学堂章程中摘录部分：

各子弟到局学习后，每逢端午、中秋给假三日，度岁时于封印日回家，开印日到局。凡遇外国礼拜日，亦不给假。每日晨起后，夜眠前，听教习洋员训课，不准在外嬉游，致荒学业；不准侮慢教师，欺凌同学。

开艺局之日起，每三个月考试一次，由教习洋员分别等第。其学有进境考列一等者，赏洋银元十元，二等者无赏无罚，三等者记惰一次，两次连考三等者戒责，三次连考三等者斥出。其三次连考一等者，与照章奖赏外，另赏衣料以示鼓舞。

显然，从学堂对学员的作息安排来看，教学时间抓得很紧，学习纪律十分严明，其目的希望学员能勤奋够刻苦，早日学有所成，投入到中国的造船及海军事业。而学堂实行的奖惩制度，特别是严格执行淘汰制度，将因各种原因不合格的学员全部开除以确保人才培养质量。第一期招入了制造专业学员共105名，最后毕业时仅剩39名学生，驾驶专业第一期共招收100名学员，其中也只有33名学生毕业。这种随时淘汰又及时补充的制度对于学堂良好学风的形成起到了关键的作用。船政学堂学生勤奋的学习态度也让洋教习对其大加赞赏。

二、课程体系

福州船政学堂分为法文学堂和英文学堂。法文学堂"专重法国学问，聘请法人教授法文、算术、物理、化学以及其他有关制造方面的学问，目的在使学生能彻底了解轮船及轮机的原理和作用，以养成他们自己打样制造的能力"。法文学堂又设有造船科（或称前学堂）、设计科（即绘事院）和艺圃三科；英文学堂"专重英国学问，聘请英人教授英文、天文、地理、算术、管轮、驾驶等课程，目的在教养管轮及驾驶的人才"，英文学堂又设航行理论科（或称后学堂）、练船（航行实践科）和管轮三科。从这个分堂教学可以明显看出船政学堂的专业划分十分清晰，教学要求和目标也很明确。

从船政学堂的课程设置可以发现，无论是前学堂还是后学堂都把外语教学放到了突出的位置，体现了左宗棠"大约艺事，以语言、文字、制造三者为要"

的办学原则。学堂对外语学习的重视是因为它是其他专业课程学习的基础。因此学员对外语这门课程的学习亦是非常刻苦。据严复的回忆，当时学堂的学员们经常在早晚诵读外语，"其中晨夜伊毗之声，与梵呗相答"。虽然学堂采用"先外语后专业课"的教学模式，但外语教学事实上是贯穿整个教学体系的始末。因为除了汉语及其相关的教学内容外，其他的专业课程也均使用外语作为教学语言。以下为英国军官寿尔（H.N.Shore）1894年访问学堂时所看到的教学情况：

> 我访问学校那天，学生大约五十人，第一班在做代数作用，简单的方程式，第二班正在一位本校训练出来的教师的指导下，研习欧几里几何学。两班都在用英文进行教学。命题是先写在黑板上，然后连续指定学生去演算推证各个阶段；例题的工作完成后，便抄在一本美好的本子上，以备将来参考。我查阅其中几本，它们的整洁给我很深刻的印象。有的口授的题目是用大写的。当我们想到用毛笔缮写的中国文字和用钢笔横书的拼音语言间的区别时，便更知道这是一件非凡的事。

这段纪录一方面说明船政学堂已经培养出外语水平和专业知识兼具的师资，完全有能力胜任学堂的教学工作；另一方面，学堂学生学习态度认真，其外语及专业课的学习效果良好，寿尔对其进行了积极的肯定。

除了外语、算术这类所有专业学生必须学习的"公共必修课"以及针对不同专业设定的专业课程外，从上表还可以清楚地看到实践课程的设置，说明船政学堂强调理论与实践相结合。对于前学堂造船科的学员，他们首先在课堂上学习利用外语教授的专业理论知识，然后每天都需要到车间通过自己的体力劳动亲身参与船体建造或机器制造，以便了解和熟悉制造流程和各厂的工作；设计科的学员则须按规定参加长达8个月的车间实习，这些学生通过直接与车间工人打交道学习各种设备和工具的细节；以航海为专业的学业都必须登船实习，在英国教官的英文口令和指导下进行驾驶和演炮训练。实践课程的安排不仅使船政学堂的学生能够尽快应用所学的理论知识、熟练掌握造船和航行技术，他们在实践教学活动中通过与外籍教官、工程师的交流进一步夯实了语言基础，提高了语言的实际运用能力，将外语学习的空间由课堂向课外延展，实现了外语教学与专业课教学的融会贯通。

虽然船政学堂重视外语教学，以近代科学技术为主要教学内容，从课程设置上看并未列入汉语，但它要求学员"每日常课外令读《圣谕广训》《孝经》，兼习谕策，以明义理"。洋务学堂中对汉语及中华传统文化经典的学习主要是基于其在传统价值体系中所起到的支柱作用，防止学生西化而影响封建王朝统治的基础。

三、教学特色

船政学堂的外语教学从一开始就将语言学习与特定的教学内容结合在一起，形成了以内容教学为依托的外语教学特色。这种教学模式与一个世纪之后在西方语言教学界逐步兴起的内容型教学法不谋而合。内容型教学法认为当学习者把第二语言当作获取信息的工具而非终极目标时，第二语言的学习也会更为成功。除了强调外语学习的目的性，内容型教学法非常注重发展语言的运用技能，特别是在真实世界中能够运用到的技能。

船政学堂创立的目的是要培养制造轮船和驾驶轮船的洋务人才。据此，该学堂设置了不同的专业，开设了不同的专业课程。由于本国没有能够胜任这些专业教学的师资，因此只能聘请洋教习。就当时清政府的认识，法国和英国在造船和管轮驾驶方面在世界范围内处于领先水平，因此打算分别师从两国。要解决语言障碍，必须将英文和法文学习置于头等重要的位置。但另一方面也说明，船政学堂语言学习的目的并不是语言本身，而是以此为工具进行造船和驾驶相关专业知识的学习。因此，在语言学习的过程中，学员学习的目的性更强。当学员将注意力放到这个学习目标上，他们就能够将自己的语言学习兴趣及形式与这个目标联系在一起，并对是否达成该目标形成判断。

根据船政学堂的课程安排，学员们在完成规定的理论课程学习、获得了一定的知识储备之后，便要进行实践学习。为了充分发挥实践教学的作用，学堂在硬件设施和制度方面提供了相应的保证。造船厂与轮船水师均设于福州船政局内，为前后堂学生的实践、实习提供了便利。使得学生能够上午在学堂中通过外语直接学习专业知识，下午就到工厂或舰艇上观察实物和动手操作。在实践过程中，学员不仅通过对所学专业知识的运用加强对其理解，更是在与工厂及舰艇的外籍工匠或教官的互动交流中，加深了专业外语词汇的记忆，提升了口语表达能力。福州船政学堂在平时的教学活动中就非常注重理论与实践教学相结合，在学制上更是设置了较长时间段的毕业实习环节，即"当局为估计实用起见，又规定在最后二年中，制造学生须至厂中工作，管轮驾驶学生须至船上实习"。另外，以造船和航海驾驶为内容的专业教学在空间上更是延伸到国外。1873 年，左宗棠、沈葆桢相继奏请选派船政学堂学员留学，"前学堂习法国语言文字者也，当选其学生之天资颖异，学有根柢者，仍赴法国深究其造船之方，及其推陈出新之理。后学堂习英国语言文字者也，当选其学生之天资颖异，学有根柢者，仍赴英国深究其驶船之方，及其练兵制胜之理"。福建船政学堂从 1877—1897 年先后派出 111 名学生分四批赴欧留学。本土地道的语言环境加之对先进知识和技艺的学习使其达到了"制造者能放手造作新式船机及全船应需之物，驾驶者能管驾铁甲兵船回华，调度布阵丝毫不输洋人"的目的。不难看出，船政学堂的外语教学并没有局限于语言本身内部系统的学习，而是通过为学员提供语言运用的环境，既实现了掌握造船与轮船的驾驶技术，完成内容学习的目标，学员也发展了的各项外语技能从而具备了较强的语言综合应用能力。一位在 1870 年参观过船政学堂的英国大人曾感叹学堂的学员不但能够说英文，而且还说得很好。

福州船政学堂在学员的选拔上严把招生关，确保生源质量；在师资队伍方面建成了一支由洋教习、懂英语及闽粤方言的华侨教习以及懂英语会专业的本土教习的复合型团队，在学堂发展的各个阶段相互沟通交流，发挥各自的作用；学堂的课程设置兼顾外语学习与专业学习，理论与实践并重；学堂创建的以内容教学为依托的外语教学模式更具前瞻性，在完成内容学习的过程中取得了外语学习的良好效果。以上均是福州船政学堂外语教育获得成功的关键性因素，也是其成为洋务运动时期外语教学典范的重要原因。

福州船政学堂作为外语学堂与技术学堂的结合体，在其存续的四十余年间，它不仅为近代中国造船工业与海军技术事业输送了第一代人才，还在中国近代化进程的其他领域发挥了不同的作用。在教育方面，福州船政学堂为其他军事技术学堂提供了师资。1881 年广东开办的实学馆亦是在船政学堂选调精通外国语言文字及算学的人员充任教习。严复于 1880 年被派往天津参与水师学堂筹办工作，起初担任驾驶学堂的洋文正教习，后来做到总办的位置。以严复、陈季同为代表的学员就是在福州船政学堂接受外语训练，通过外语了解西方文化。一方面严复通过翻译英文原著《天演论》《原富》《社会通诠》等向中国介绍西方资产阶级理论学说，动摇了封建社会的意识形态，推动了中国近代社会向科学和民主方向发展；另一方面陈季同用法文著作，以"中国"命名的系列作品有《中国人自画像》（1884 年）、《中国戏剧》（1886 年）、《中国故事》（1889 年）、《中国人的快乐》（1890 年），还将中国名著《红楼梦》《聊斋志异》等翻译成法文，向西方世界传播中国文化。这种"西学东渐"与"中学西传"的双向文化交流不可不谓是福州船政学堂外语教育的重大成果及影响。

第四节　教会学校英语教学的发展：
传教士关于英语教学的争论

　　教会学校的英语教育在鸦片战争之前就已经出现了。从 1818 年第一所在海外创立针对华人的英华书院，到 1830 年广州创办的贝满学校，再到 1839 年在澳门设立的马礼逊学堂，英语不仅成为其重要的教学内容之一，同时也成为教学语言。第一次鸦片战争后签订的中英《南京条约》将香港割让给英国，西方列强亦获得了在广州、上海等五口通商口岸传教和办校的合法权利。此后，教会学校在这些地区竞相成立，仅基督新教传教士所办的学校大约有 50 所，学生 1000 余人。禁教政策的解除让之前一直处于非公开状态的传教工作得以释放。大部分的传教士积极致力于在各口岸城市建立布道据点，从而影响了对教会学校的建设与发展在资金与精力上的投入。另外，鸦片战争使中国陷入了半殖民地的境地，社会上充满对西方的敌对情绪，民众对于教会学校也存在错误认识或偏见。这些学校基本上没有明确固定的学制，教学内容也比较随意，以基督教教义及中国传统经书为主。因此，除了在香港的教会学校因其特殊的地理位置及政治、经济原因，英语教育有了较好的发展，内地教会学校的英语教育并无明显起色。有的学者甚至将这一时期界定为教会学校英语教育的"倒退期"或"停滞期"。尽管教会学校发展在此期间受到了阻碍，但仍有不少学校能够维持下去并发展成为后来非常具有影响力的学校，如上海圣约翰大学、福州格致书院的前身都是这个时期建校的。

进入 19 世纪 60 年代，随着中国殖民地程度日益加深，清政府兴起了救亡图存的洋务运动，国民对西学态度的改观以及各类洋务人才的巨大缺口也为教会学校的发展提供了契机。在一系列不平等条约的护持之下，教会学校的势力从原来的通商口岸深入内地，进入了相对稳定的发展阶段。据统计，教会学校的由原来的不足 200 所发展到 1876 年的 800 所左右，学生人数则达到了 20000人。这一时期的教会学校不仅数量和规模有了明显的扩张，它的生源及入学要求均发生了变化。由于大量洋行、商行及外事机构的出现，社会上对英语的需求急剧上升，沿海口岸地区尤其突出，英语的商业价值日益凸显。教会学校从以前那种不收取学费还提供衣食的免费教育逐步过渡为收费教育。教会学校的学生也从以往主要来自贫困家庭转而开始吸引不少商人弟子或者是觉得仕途无望的读书人。因为社会需求的增加，教会学校也改变前期"请求式""照单全收式"的招生方式，开始对学生设置要求，进行选择性地招收，客观上促进了入学制度的确立和完善。虽然教会学校英语课程逐步开始普遍开设，成为其吸引学生入学的重要招牌，但总体上教会学校的英语教育仍然处于一种缺乏统一部署、各自为政的状态。由于社会对英语人才的需求存在地区差异以及负责办学的传教士在个人主观认识上的差别最终使得他们在英语教学这个问题上产生了很大的分歧。

一、问题的提出

作为近代中国外语教学的先声，马礼逊创办的英华书院对英语教学做出了明确的规定："书院目标在于促进中、欧语言文学之相互交流……，另一方面向恒河流域外的中文读者传播英语、欧洲文学及科学知识"，"为本地学生开设英语课"。关于学员的申请资格也提到"……前述国家和地区的本地青年可以自费，也可以由基督教团体赞助、或由造福本地青年的绅士资助接受英语教育……"。随后，第一所在中国本土开设的马礼逊学堂也强调让青少年接受中英两种语言的教育。可以说，英语从一开始就被纳入教会学校的教学内容。但这种情况并没有在之后所创建的教会学校中得以普及。

近代教会学校在中国发展的初级阶段宗教性较为突出。办学者在福音的传播、当地神职人员的培养上投入了较多精力，至于是否教授英语或是使用什么语言授课，并没有引起办学者过多的关注与探讨。各个学校主要依据当时当地的环境以传教士的个人办学思想来决定是否教授英语及授课语言。对西方语言及其文化极其排斥的地区或是认为使用中文教学更有利于提高教学效率的教会学校就没有开设英语课程。这些学校的学生"以中文知识使能阅读报纸杂志、习算术之基础使能应普通生活之需要，更授以地理及天然科学之常识"。第二次鸦片战争结束后，通商口岸及内陆的一些开放城市对英语的需求呈较快上升之势。不少教会学校顺势而为，以英语为"诱饵"吸引学生，特别是对于一些家境困难的家庭，学校的英语教育为他们提供了通往财富和权势的途径。还有一些教会学校因为师资的中文水平有限，考虑到中文交流不便之处而选择使用英语教学。无论是基于何种原因，无论是开设英语课程还是将英语作为教学语言，这类教会学校的数量逐步增多。随着英语在社会中的商业价值以及重要性陡然增加，办学的传教士们不得不开始面对是否向学生教授英语以及用什么语言实施教学的问题。

较早对教授英语提出异议的是在福州创建了格致书院的美国公理会传教士卢公明（Justus Doolittle）。他认为"那些掌握了英语的教会学生最终会脱离教会而成为买办、商人和洋行代理"，全然背离教会教育的初衷。1871年的《北华捷报》刊登了一篇《教育中国人之方法》，其中便提出了"哪种语言是教育中国的最佳媒介？究竟是汉语更好，还是必须学习外语"的问题，意味着对教会学校是否教授英语的问题正式提出。文中指出虽然像香港的马礼逊学堂、英华书院、圣保罗学院以及宁波、上海等地的教会学校教授英语，特别是通过英语来学习各类宗教知识，但这些学校英语教学层次并不高，存续时间不久就停办了。由于学员均来自社会底层民众，他们离校后凭借在校学习的英语知识到各地通商口岸挣钱成为一种惯例。显然这种结果与教会希望借教育之手以达到通过传播西学启智中国使其对西方社会更加开放的目标不一致。同样是接受英语和西学教育，一些传教士资助中国学生到欧美留学，他们毕业回国之后却未能如期望的那样将自己所学用来教化自己的国民。而其中一个重要原因便是"他们的中文教育被忽视了"。这些受资助的留学生在传播西学方面还比不过一些精通汉语的传教士，甚至比那些操持洋泾浜英语的买办也没好多少。在驳斥了英语教学的不良后果后，文章又论证了使用中文传播西学知识的好处和所取得的成果。近代中国不少西方传教士和中国学者致力于西书的汉译，清政府也意识到利用西书中译来学习西方科学文明知识，还为此成立了江南制造局翻译馆。因此，作者在文章末尾提出传教士"应将更多的重心转移到创办汉语学校以及翻译适用于教学的教科书"。

二、争论的全面爆发

1877 年 5 月 10 日至 24 日，基督教新教传教士在上海举行第一次全国代表大会。美国长老会的传教士狄考文（C.W.Mateer）发表了《基督教会与教育的关系》的讲话。在这次讲话中，他不仅主张"基督教会应把教育作为它们工作的一个重要组成部分"，更是旗帜鲜明地提出"所有课程的教学应该使用汉语进行"，指责"用西方语言组织教学除了培养买办别无它用"。由于参会的传教士中直接参与教育的人数有限，狄考文的立场还是得到了他们当中相当一部分人的支持。虽然本次大会的主要议题是确定教会学校的办学思想和指导方针，但关于"英语教学"的问题也被正式提上议程，引起了持不同观念传教士们之间的激烈争论。岭南学院的第二任校长香便文 1881 年在《教务杂志》上撰文《我们是否应该帮助中国人学好英语？》支持英语教学主张。在这个问题的论述中，他指出：当时确实不少教会学校的中国学生主要是为了毕业后能够获取一份报酬丰厚的职业而学习英语，如果仅仅将英语教学的目标局限于此，他自然会否定英语教学；但他同时洞察到中国学生对于利用英语追求真理的需求。通过英语学习获得西方先进的人文科学知识不仅是出于一部分有识之士自身的需要，也为基督教的传播培育了有益的土壤。更为重要的是，如果中国自己发展英语及西学教育，基督教对中国受教育者产生的影响显然会被排除在外，是不利于整个基督教传播福音的事业。1889 年北京汇文书院（Peking University，即北京大学的起源）的校长李安德（Leander W.Pilcher）在同一本刊物上发表的《中国的新教育》对于是否应该进行英语教学给予了充分的论证。他首先在"中文的

能力"这一部分引用了大量相关教会教育工作者肯定汉语在实施西方科学教育中所起作用的言论:

> 我毫不犹豫地说(科学)应该用中文授课。虽然只有几年的时间,但已足以让我充分相信:西方科学和福音的传播一样都必须使用中文,以便在全国范围内广泛传播科学也如福音一样必须依赖中文才能使其永久成长和发展。(A.P.Parker)
>
> 对于中国学生来说没有理由不使用中文就不能熟练掌握西方科学知识。唯一的限制就是缺少教师和教科书即使英语被认为在术语使用和精确表达上具有优势,但如果在学习了西方科学知识后仍不能使用自己的母语将科学事实与原理表达出来,那么英语作为知识媒介的优势被抵消了。所以,只有使用自己的语言去学习才能够学会运用。(Dr. Mateer)
>
> 我的经验是,一旦确定了术语,就可以用本国语(中文)来教授科学,但我不明白为什么不能做到这一点。(J.H.Judson)

李安德还强调上述意见几乎代表了大部分在中国从事教育工作的传教士。接着,他在文章的第三部分"英语的地位"通过引用印度和日本两国民众学习英语的趋势,指出英语在中国的学习与传播也会朝相同的方向发展,并且得到了中国一部分有识之士的支持。虽然很多教育者对使用英语作为知识传播媒介的认识存在偏见,但鉴于中文在对西学知识的理解深度以及更新方面存在明显的缺陷,已经有不少传教士开始意识到社会对英语教学的需求。继李安德之后,创办天津中西学堂的美国公理会的传教士丁家立(C.D.Tenney)刊发《英语在中国教育工作的地位》表示支持英语教学。

1890年,基督教传教士第二次全国代表大会召开。会上关于"英语教学"问题的争论可以说达到了顶峰。"汉语教学派"的典型代表狄考文通过发表《如何使教育工作最有效地在中国推进基督教事业》的讲话,论述了英语教学的弊端以及强调了教会学校必须将汉语作为教学语言。他的核心观点是:多数在教会学校学习英语的学生并非出于宗教信仰的目的,他们以英语为谋生手段,在社会上追求荣华富贵。他们不仅丢弃了基督教所推崇的节约朴素的生活习惯，道德败坏也颇为常见。此外，英语学习会给学生带来较大难度，导致不能完成各项课程的学习从而获得全面的知识。如果教会学校培养的学者在中文知识上存在缺陷，不仅败坏外国语言和科学的学术成就，也不会被本国民众接纳为真正的学者。对于一个中国布道者来说，如果自身母语不够强大的话，也不会在其民众中产生广泛的影响。福州监理会的传教士李承恩（N.J.Plumb）作为曾经汉语教学的捍卫者在这次大会上在其《教会学校的历史、现状与展望》的讲话中发表了支持英语教学的言论，并具体罗列了英语教学的好处：

> 首先，我认为目前缺乏汉语的科学术语，现有的术语也不统一。而用英语教学对师生都大有益处，英语课本中提及的其他著作的同类课程对于精通其他学科是大有裨益的。其次，懂英语带来的主要好处是扩大学生知识范围，学生可以汲取任何学科的丰富信息，随心所欲地搞科研。只懂得中文的学生虽然能够完成全部学业，实际上只是死读书。在他面前就没有如此巨大的知识宝藏吸引他去探索，以满足他深入学习文学、科学、历史、神学等知识的渴望，因为这些都是用英文写的。将来，我们有了受过完全教育的牧师，会众高度评价他们，懂英语的知识对于他们来说将证明是无价之宝。在福州会议上，最有才干的中国教士是精通英语的，能很好地运用外国书籍和评注。此外，懂英语、用英语可以活跃思想，促进独立研究。

上海圣约翰大学（St. John's University）的校长卜舫济（F.L. Hawks Pott）也在大会上表明教授英语可以增加智慧、驱除华人排外的成见，对拉近中国和西方世界的关系、扩张国际贸易，以及在华的传教事业都是有好处的。他强调凡是具备条件的教会学校，除了汉学课程外，都应该使用英语教材，用英语授课。

从这次大会的情况来看，形势发展已经明显向"英语教学派"倾斜。事实上，在此之前，越来越多的传教士已经相继加入了主张"英语教学"的阵营。福州英华书院（Anglo-Chinese College）的美以美会传教士力为廉（William Henry Lacy），针对狄考文提出的不能教授英语的原因一一驳斥，更是通过福州英华书院的教学实践，证明使用英语教学并不影响学生在中国经典学习上的教学效果，进而也不会出现狄考文所担心的教会学校的学生不会在社会产生广泛影响力的问题。因此，为了达到教会教育的目的，使用能够吸引学生的语言才是最佳选择。力为廉所提及的英语对于学生的吸引力真实反映了当时的客观需求，这也是形势转向"英语教学派"的根本原因。到了19世纪90年代，西方列强通过战争以及不平等条约在中国站稳了脚跟。各类洋商行、外国驻华机构的设置开始吸收华人为其提供服务，而"所用本地人皆须谙通外国语言"。抱持学习英语及西学知识可以帮助其"在未来的新中国谋生"观点的民众自然会被教会学校的英语所吸引。正可谓"几乎没有哪个传教士是专为了能教英语而办学校的；然而，却有很多中国人是为了学习英语走进教会学校的"。

三、结果及其影响："英语"地位的确立

在华基督教传教士第二次全国代表大会之后，教会学校初步确定了在不影响传教的条件下普遍实施英语教学的方针。以前已经开设了英语课程的教会学校继续其英语教学，并进一步实行用英语教授西学课程。原来反对英语教学的学校也开始调整政策，逐步开设了英语课程。1893年和1896年召开的中华教育会两届年会上关于"英语教学"的争论基本上已经平息，反对英语教学的声音已经相当微弱。德国传教士安之花（Ernst Faber）在第一届年会上发表的《中国基督教教育面临的问题》和美国传教士何德兰（Issac T. Headland）在第二届年会上发表的《目前是否值得用教会资金教授英语》从更全面的视角论述了英语教学的必要性和重要性。就连"汉语教学派"的主要代表人物狄文也改变了其之前坚持使用汉语教学的态度。当他在第二次基督新教全国代表大会上面对其他传教士对其观点反驳时辩称他并不是完全反对英语教学，而是反对具有强烈世俗化倾向的英语教学。到1896年"中华教育会"第二届年会上他更是表态"我不是无条件地反对英语教学。我赞赏英语教学带来的好处，在某些情况下，我绝对不反对英语教学"。狄考文虽然提出了不少限制条件，但在其创办的登州文会于1907年也最终开设了英语课程。可见，"英语教学派"取得这场教学争论的最后胜利是不争的事实，英语在教会学校中的重要地位得以最终确定。不仅如此，1893年的中华教育会第一届年会上还提出，在有条件的学校应尽可

能营造一种浓厚的英语氛围，为学生的浸入式英语学习创造环境。在 1896 年的第二届年会又着重讨论了教会学校的课程设置比重问题，对英语教学提出了更高的要求。

应该说这场关于"英语教学"的争论，从 1877 年问题的正式提出到 1896 年全面达成英语教学的共识，持续了将近二十年。当时在中国的基督教不同教会基本上都参与了这次大讨论，可谓范围广、影响大。不难看出，无论是"英语教学派"还是"汉语教学派"，又或者是主张英汉双语教学的"折中派"，这些教会教育工作者的出发点和落脚点始终是围绕传播基督教义、推动中国的基督教事业。德国传教士安之花在其《中国基督教教育面临的问题》中指出：

> 虽然英语教学对传教没有直接帮助，但中国人学习英语越多，对中国及其与西方的交往越有好处。英语教学可以作为汉语教学的一个分支，但这是中国政府学校的事情。如果有西人监督而完善地教授英语，那么汉语学习必须从属于英语，适从于英语。汉语虽然在发展，但用它准确表达科学思想，仍需几百年的时间。翻译问题不完全在于翻译者，而在于翻译者的语言。任何没有产生在思想里的东西不可能出现在语言中。如果我们要用汉语翻译，仍必须等待汉语的发展，而且这种发展是中国人自己的事情，我们必须用目前的英语来教授科学知识。

这段言论在强调英语重要性的同时，也否定了汉语教学并诋毁了汉语的价值，充分说明了外国传教士想凭借英语教学这种途径以实现"西化中国""中国基督化"的终极目标。

这场关于"英语教学"争论过程事实上也反映出教会学校教育观念的嬗变。教会学校在中国发展的起步阶段主要采取的是下层路线，招生对象来自贫困的下层阶级，但培养出来的学生在社会上发挥的影响有限。随着中外联系的日益密切，一些教会学校开始将目光转向有英语学习需求的官宦子弟或商人买办身上，以便教会学校的影响能够渗透到上层社会。在办学的过程中，传教士也发现教会学校只有满足世俗性的需求才有可能进一步实现其宗教目的。因此，以卜舫济为代表的传教士比起以狄考为代表的上一代更能顺应教会教育本土化的需求，将英语纳入到教会学校的课程体系并使用其作为教学语言。

总的来说，"英语"的教学地位确立后，外国传教士在教会学校广泛开设与推广英语教学，使得这门外语在教会学校的"整个教学内容中具有至高无上的地位"，特别是在高等教育阶段，英语这门学科地位更加突出。从教育史的客观角度来看，这些教会学校通过教学实践提高英语教学质量，为中国的官办学校的英语学科教育提供了参考，为中国英语教育事业的发展做出了贡献。

第二章　英语学科教育制度发展

第一节　清末英语学科教育的制度化

进入 19 世纪末期，晚清政府的统治力量进一步衰落，中国封建社会岌岌可危。甲午战争的失败以及马关条约的缔结正式宣告了洋务运动的破产。陷于垂死挣扎的统治阶级内部开明官僚与知识分子意识到应该学习西方进行政治体制改革。他们积极奔走、上谏讲学，为变法营造了良好的社会氛围。1898 年 6 月至 9 月实施"百日维新"，在教育方面实施了包括兴办学堂、派遣留学生、设立译书局、编辑教科书等内容在内的一系列改革举措。尽管戊戌变法运动以失败告终，但这些主张和举措却产生了重要影响。为了缓和民族、阶级矛盾和笼络人心，也为了满足帝国主义列强在华公关的需要，清政府于 1901 年推行了包括政治、经济、教学等多个领域在内的"新政"。"新政"中的教育改革成为重头戏，各类改革措施使得在中国存续几千年的封建教育体制土崩瓦解。自 1905 年起科举制度被废除，清政府成立了主管教育的行政机构"学部"。新学制的拟定、修改、颁布与实施标志着新教育体系的建立，也为近代中国英语学科的建立及其教育发展提供了制度保障。

一、壬寅·癸卯学制的颁布

《清史稿·选举志》称："学校新制之沿革，略分为二期。同治初迄光绪辛丑以前，为无系统教育时期；辛丑以后迄宣统末，为有系统教育时期"。其中的辛丑以后便是以壬寅、癸卯学制为起点。可见，壬寅、癸卯学制是近代中国教育体制发展的分水岭，在新教育体系中占有重要地位。

1902 年 8 月，官学大臣张百熙拟定的《钦定学堂章程》正式公布。《钦定学堂章程》包括《钦定京师大学堂章程》《钦定考选入学章程》《钦定高等学堂章程》《钦定中学堂章程》《钦定小学堂章程》《钦定蒙学堂章程》六个部分，又称壬寅学制，是近代中国第一个全国性的学制。该学制将整个教育体系分为了初等、中等和高等教育三个阶段，每一阶段又分别设置了不同的层级。对各类学堂的性质、办学宗旨、入学要求、课程设置、教学师资、规章制度等各方面作了详细的规定。更为引人注目的是，在教学内容上该学制将外语课程纳入了课程体系，打破了几千年来以"礼学经典"为主要教学内容的禁锢，成为近代中国教育转型的开端。虽然壬寅学制并未实行，但它为一年之后癸卯学制的制定与实行奠定了基础。1904 年 1 月，由张百熙、张之洞、荣庆会同拟定的《奏定学堂章程》正式公布并在全国开始施行。与壬寅学制相比，癸卯学制内容更加丰富、完善，总共包括《奏定学务纲要》《奏定各学堂考试章程》《奏定各学堂奖励章程》《奏定各学堂管理通则》与各级各类学堂章程等共计 22 件。除了在教学阶段的划分仍沿用壬寅学制的三段七级外，每一阶段除了普通教育外，还设置了与之平行的其他类别教育，如同属初等教育阶段的还有艺徒学堂、初等农工商实业学堂和实业补习普通学堂，中等教育阶段包括初级师范学堂、中等实业学堂，高等教育阶段还增设了优级师范学堂、实业教员讲习所等，构成了"纵向初等、中等、高等三级衔接，横向普通、师范、实业三足鼎立的整体格局和框架"。本着"中学为体、西学为用"的指导思想，癸卯学制在各个阶段的教学以及各类学校中均将"中学"列于课程之首，突出了伦理道德与传统经学的重要性，其目的是"俾学生心术壹归于纯正，而后以西学瀹其智识，练其艺能，务期他日成材，各适实用，以仰副国家，造就通才，慎防流弊之意"。但自然科学、人文科学、外语等具有近代意义课程的添设均反映出适应社会及科学技术发展的需求。

由此可见，在周学时为 36 小时的教学时长中，外国语（以英文为主）的学时数达到了 8 小时，占总课时的 22% 以上，仅次于"讲经读经"科目，而且超过了中国文学的课时一倍左右，足以说明癸卯学制对外语课程的重视程度。《奏定中学堂章程》学科程度第二章对各学科的教法做出规定，其中关于外国语学科的内容如下：

外国语为中学堂必需而最重之功课，各国学堂皆同。习外国语之要义，在娴习普通之东语、英语及俄、法、德语，而英语、东语为尤要；使得临事应用，增进智能。其教法应由语学教员临时酌定，要当以精熟为主。盖中学教育，以人人知国家、知世界为主，上之则入高等专门各学堂，必使之能读西书；下之则从事各种实业，虽远适异域，不假翻译。方今世界舟车交通，履欧美若户庭；假令不能读其书，不能与之对话，即不能知其情况；故外国中学堂语学钟点，较为最多。中国情形不同，故除经学外，语学钟点亦不能不增加，当先审发音、习辍字，再进则习简易文章之读法、译解、书法，再进则讲普通之文章及文法之大要，兼使会话、习字作文。

上述内容不仅强调了中学堂外语学科教育的重要性，对外语学科教育中语种的选择、教学目标、教学内容和方法均做出规定，在全国范围内统一标准和要求，事实上也起到了外语教学大纲的指导性作用。

从京师同文馆外语课程的首次"登堂入室"，经过近半个世纪的探索，再到癸卯学制中的"身价百倍"，英语正式被列为西学科目中最为重要的法定课程并在近代中国教育体系中占据了核心地位。

二、各类学校英语教学概览

1904年1月，癸卯学制的颁布标志着近代新式教育体制的建立。正如《奏定学务纲要》所谓："今日时势不通洋文者，于交涉、游历、游学、无不窒碍"，壬寅·癸卯学制的制定者张百熙、张之洞等人将外语学科教育置于显要位置，不仅顺应了时代的潮流，更是实现了外语学科教育的合法化及制度化。1905年科举制度被废除，使整个国民教育进一步摆脱了旧式体制的束缚。这两项制度性的举措加之清末新政兴学的影响，各级各类学校无论是办学数量，还是在校学生人数有了迅速发展。新学制实施之后的几年内，全国的教育规模扩大明显，特别是中学堂和师范教育的发展尤为突出。学堂分布格局也有了进一步的调整，打破了以往主要在通商口岸城市办学的局限，转而向内陆地区延伸。应该说，全国范围内各类学堂的创办为英语学科教育创造了客观条件。本节以下将讨论新学制颁布后英语学科教育在国民教育体系三个不同阶段的概况。

(一) 初级阶段的英语教育

根据癸卯学制，无论是初等小学堂"以启其人生应有之知识，立其明伦理、爱国家之根基"，还是高等小学堂"以培养国民之善性，扩充国民之知识，强壮国民之气体为宗旨"，初等教育的宗旨未见外语学习的需求。因此，小学堂不需要设置外语课程。《奏定学务纲要》还进一步明确规定："各科学均以汉文讲授，一概毋庸另习洋文，以免抛荒中学根柢"。从两级小学堂的课程设置来看，汉语和儒学乃是其主要教学内容，其目的还是维护清王朝的封建统治地位。

但是在小学堂外语课程的设置上，学制的制定者也并未采取"一刀切"的方针。一方面，在癸卯学制实施前，不少在北京和沿海通商口岸城市的小学堂均开设了英语课程，以满足社会的需求；另一方面，高等小学堂的部分学生也会有"谋生之计虑"。因此，《学务纲要》又规定"惟高等小学堂如设在通商口岸附近之处，或学生中亦有资敏家寒，将来意在改习农工商实业，不拟入中学堂以上各学堂者，其人系为急于谋生起见，在高等小学时自可于学堂课时时刻之外兼教洋文，应就各处地方情形斟酌办理"。除了通商口岸"较早铁路交贯将来应用洋文之处甚多，况教会学堂林立类多，专重洋文，若今一律撤去则民间聪颖子弟入教会学堂者多，中学必全行抛荒，其流弊似乎更甚"。可见，对于允许高等小学堂酌情开设外语课程的另一个原因亦是与教会学校争夺生源，以保中学之根基。

另外，新学制虽然允许沿海口岸城市的小学堂开设英语课程，但仍然设置了一些限制条件。首先，外语课程的学习不得占用课堂上的时间，需安排在正课之外的时间进行；其次，开设外语课程的同时必须保证读经、讲经及中国文学的时间，并以此为正本；最后，还强调了初等小学堂坚决不能设置外语科。对于高等小学堂开设外语课程的情形也做出了相关规定：

> 为通饬事照得各小学堂前因习英文荒弃国文钟点，本应将英文一科停止，支前司念其学生中有将来有改习农工商实业，不能入中学堂者，不得不兼习外国文以为谋生之计，是以业经酌定变通办法。凡毕业考试不准列入分数，至初等小学则概不准兼习通饬遵办在案。本署

司复查各学堂毕业履历分数表分数，部中考核甚严，所有各小学堂嗣
后举行，毕业除必修各科分数按科照填外，其兼习之英文及随意各科
分数概不准填入，以免驳诘合行，通饬札道该府立即转行所属各厅州
县照会高初两等小学堂并教育会劝学所一体遵照办理。

应该说，不准将高等小学堂的外语科成绩填入表册是为了在中学堂招生中
彰显公平，但这项规定也反映出教育部门对于高等小学堂开设外语科的态度，
将之视为一种不得已而为之的举措，从而体现了统治者对外语课程可能对青少
年在思想上产生不利影响的戒备之心。由于通商口岸获许在高等小学堂开设外
语课程，上海、江浙等地的不少高等小学堂开均展了英语教学。

从当时课程设置来看，除了像国文、国学及算术科目外，英文科也排在十
分显著的位置。特别是后两年的课程，周学时达到6学时，位列所有学科的首
位，足以说明龙门师范学校附属小学对英语教学的重视程度。根据学校章程的
规定，英文课的教学内容主要包括四个方面：读法、写法、话法和作法。至于
当时高等小学堂的英语授课情况可以从一段回忆录略见端倪：

　　那时高等小学堂已有英语，读一本现已忘其名称的读本。老师只
讲解课文，并不教造句写作。大概因为要教写作，就得讲"语法"。那
时对国文也没有讲语法。如果要跟我们讲主语、谓语、时态等，就会
搞得我们越听越糊涂吧。因此，一课课故事读下去，不能把学到的词
和句活用，更不用说对话了。但是教师常教我们听写，当时叫作"默
书"。这是外语教学的一个重要环节，在当时小学里已经受到重视了。

从这段描述可以发现，虽然只是高小阶段，但英语的教学要求并不低。所
以对于学生来说，学习英语的难度还是比较大，学习方法主要是以机械记忆背
诵为主。为了提高学生英语学习的兴趣以及补充课外阅读材料，有的学校如钱
塘县高等小学堂还"以养成读英美专门书之学力为宗旨"出版了英语杂志。一
些私立小学"因具家塾性质，教员学力程度尚优教授亦能尽职，故学生英文、
算学科颇著成绩"。

(二) 中等学堂的英语教育

癸卯学制将整个国民教育体系分为三个阶段，"中等以上各学堂必勤习洋文"。因此，中等学堂 (包括普通中学堂、师范学堂和实业学堂) 既是外语学科教育的正式发轫及普及阶段，也是整个国民外语教育的重要组成部分。除了初级师范学堂因以培养小学师资为目标未设外国语科目之外，中等级别的各类教育均开设了外语课程，且以英语为主。从癸卯学制中学堂课程设置也可看出外国语学科的重要地位，它是在学时上仅次于读经、讲经的学科。而且，由于不少学校在教学实践中对读经这门课的重视力度不够，或者"有中小学堂并无读经讲经功课者，甚至有师范学堂改订章程，声明不列读经专科者，人心如是，习尚如是，循是以往，各项学堂于经学一科，虽列其目亦止视为具文，有名无实"，使得外语课在有些中等学堂成为事实上课时最多的科目。

癸卯学制颁布之前，各地中学堂英语课程的开设主要是办学者根据时局要求改革传统教学内容顺应潮流的一种举措。因此，全国范围内的中学堂英语教学处于一种分散、各自为政的状态。新学制不仅明确了外语学科在中学堂的教学地位，"教学大纲"中有关外语教学的相关规定逐步使得整体中学堂英语教学趋于统一和规范。癸卯学制之后创办的新式学堂，一般均参照各类学堂相应的章程开设英语课程。

总体来说，这些中等学堂在英语学科教育上基本是照章办理，教学内容大体一致，但各个学堂的办学也体现了一定的灵活度，在学程的安排及教学侧重点略有不同。虽说学制要求各地遵章设立各类中等学堂，而且各地对开设英语课也是颇有热情，但现实环境还是使办学困难重重，其中最为迫切的问题即是师资问题。由于学校、学生人数开始增长，英语教师在数量上却存在很大的缺口。虽然癸卯学制要求"外国文一门，必用外国教习，或以中教习之通外国文者副之"，但其实聘用外国人担任外语课程教习的规定并不适合当时中国的国情。大部分的学校还是以本土中国人作为英语师资的主要来源。另外，由于外语学科教育在近代中国刚起步不久，英语师资的培养还存在很大的问题，质量和水平亟待提高。曾在重庆府中学堂念过书的陆殿舆提到学校因为缺乏英语教师，有时会请邮局的职员来充任。姑且不论该教员英文水平有多高，但会英语和教英语是两回事，前者只能算是英语教师的必要条件之一，作为一名合格的英语教师还需要其他的必备技能素养，否则自然不会收到预想的教学效果。陆殿舆有一段关于该英语教师的教学片段如下：

> 有一次授课相当多，学生怕复习困难就说今天功课太多了，那位英语教师抛了一句文，说："不为不多矣。"学生大笑，说："对呀！"他看光景说错了，赶快用英语来补救，说："Today's lesson is not too much."

显然，这位在邮局工作的英语教师中文语法知识相当浅薄。即便他的英文水平再好，母语素养的缺陷也使他的教学效果大打折扣。应该说，英语师资的缺乏以及教学水平较低的问题具有普遍性。尽管如此，晚清的新式学堂里也有业务水平高、乐于探索有效教学方法的英语教师。陆殿舆对于曾经教过他英语的杨庶堪如是说：

> 《纳氏文法》系由杨庶堪（沧白）先生讲授。这位大名鼎鼎的革命家，由于谋革命，想能直接阅读西洋书籍，了解西方政治、经济、文学、历史以及社会的真实情况，他决心学好英语。当时重庆教会牧师中有一个英国人叫巴克，想从杨学中文，于是杨同他商定：杨教巴克中文，巴克教杨英文。杨十五岁时过"府考"即发"案首"，入学为秀才资质聪明，因此对英语学习顺利。后来杨和巴克同在重中教英语，杨特别受学生欢迎。因为巴克只能用通俗浅易的中国话来解释英语，而杨能用古书来比较印证解释英语。当时严复的《英文汉诂》业已出版，这就不是邮局职员所能了解的，但杨却经常引用。严译动词为"云谓"字，杨说不如改作"云为"字。杨讲解清晰，讲介词 to、on、of 等字都同汉文虚词配合比附，因此学生兴趣盎然，娓娓不倦。

这位杨先生扎实的双语知识和根底使他在授课的过程中能够中英文自由切换、游刃有余，不仅培养了学生英语学习的兴趣，也有利于帮助他们对所学知识的理解、消化和吸收。更为重要的是他不迷信权威的行为对学生批判性思维的养成做出了有益示范。

关于英语课堂的具体教学情况，通过以下材料可以有所了解：

清末学制，外语以英语为主。我们初学英语以日本人编的《正则英语》为教本。此书首列拼音，对拼音规则讲得很详，用符号标音，如 A 字七个音，E 字五个音，I 字六个音等。我们学了两个月的拼音，只读字音，不讲字义，颇觉枯燥沉闷。但经过这番笨拙工夫，对所有生字凭标音符号，大致都发得正确的音。以后读正课就很顺利了。《正则英语》的编法，从我的学习中，我感到很好。每课首列生字，次列正文，开始用对话体。如 What is this？ This is a book. What is that？That is a pen. 这些对话，要求学生牢记烂熟。再次是文法。由名词、代名词等由浅入深地慢慢讲解。最后是汉译英练习。练习的句式和正文一样。此外每堂课都规定抽拼生字：先背字母，次拼音，次说字义。生字还渐记多了，各种句式用熟了，造句写短文自渐容易了。各种句式用熟了，造句写短文日渐容易了。一二年后我们有了初步基础，就开始读《国民读本》和《纳氏文法》。到了四五年级，我们当中勤学苦读的已能够阅读浅近的书如英文地理书、《伊索寓言》之类；写作方面有的可以做简单翻译、写信或短文。但是有一部分同学则远远掉队。

从这段材料可以看出，这一时期的英语教学主要是采取语法翻译法。无论是教科书的编写还是课堂教学实践均是以此为中心。癸卯学制颁布后，为了进一步统筹全国的英语教学，学部于 1906 年进行了中小学课堂英语教科书的审定工作。除了早期一直在使用的《纳氏文法》，严复的《英文汉诂》、伍光建的《国民英文读本》都被审定为中小学堂英语教科书。由于语法翻译法关注语言结构，将语言划分成字、词、句、文几个部分并按照由易到难的顺序进行教授，学生则循序渐进地学习。另外，翻译强调母语与英语一一对应的关系，所以教科书的编排也采取了英汉互译的形式。在语法翻译法的指导下，教师和学生都比较重视阅读与写作并以此来衡量教学效果。

1909 年，中学实行文、实分科并分别制定了各科课程表，其中外国语仍旧保持了其核心课程的地位，只是两科在课时上有了异动。总之，实科的外国语课时略多于文科。但是各地并未严格执行分科制度，而根据实际情况拟定章程。如，文科每学年的外国语课时增幅在 30% 以上，而实科的外国语总课时略有缩减。做出这种变通的原因之一是对国外学制的参考。德国学制中的外国语包括了拉丁语和近世外语，学时总数基本上都在 10 小时以上。况且德语以拉丁语为源，而英汉则分属不同语系，其文学之书尤为困难。因此，对于重视文学的文科来说，每周 6 学时实属不足；亦是改进教学效果的考虑。以直隶各学堂的教学经验来看，如果按以前的学时数，学生毕业之后通常达不到能够与外国教员直接听讲、对话的程度。

与内陆地区的英语教育相比，通商口岸城市因其优越的地理位置、开放程度以及社会对英语的实际需求而使得该地区的英语教育水平更高，出现了不少英语教育颇具特色，教学效果突出的学校。

(三) 高等学堂的英语教育

洋务运动时期创办的包括京师同文馆在内的各类新式学堂，为近代中国培养了早期的外语、外交、科学、军事及技术人才。虽然这些学堂仍旧保留了较为浓厚的封建色彩，但作为近代中国高等教育的萌芽和雏形，这类新式专科学堂在教学内容上首次引入了西语和西学课程，开启了中国传统教育的近代化转型。甲午战争之后，盛宣怀于 1895 年创立的天津中西学堂被定位于大学本科层次的教学从而成为近代中国高等教育正式启动的标志。随后，京师大学堂、山西大学堂相继成立。这些高等学堂均开设了外语课程且在整个课程体系中占据极其重要的位置。而癸卯学制的颁布"以国家律例的形式将外国语 (特别是英语) 纳入高等教育体系，确立了外国语在高等教育中的核心地位"。

癸卯学制中的高等教育主要包括高等学堂、大学堂和通儒院。高等学堂为大学预科层次，学制三年，分为三类：第一类学科为预备入经学科、法政科、文学科、商科等大学者治之；第二类学科为预备人格致科大学、工科大学、农科大学者治之；第三类学科为预备入医科大学者治之。在课程设置上，外国语与人伦道德、经学大义、中国文学等 6 门被列为这三类学科的通识课即公共必修。

癸卯学制还规定，除第三类学科的外国语以德语为主修外，第一类和第二类学科的外国语惟英语必通习。此外，高等学堂还要求所有学科必须开设第二外国语。"各类学科之外国语，备将来进习专门学科之用，在各科中最为紧要，故教授时刻较各学科增多。但徒增多时刻尚不足收语学之实效，要在凡教各种科学，取合宜之西文参考书使之熟习，并责成语学教员考究最合用之教授法，使学生语言之学力易于增进"。因此，高等学堂的外语教学主要为将来升入大学本科的专业学习做准备。新学制也体现了外语教学应该与其他学科教育相结合的实用性。

大学堂分为八科：经学科、政法科、文学科、医科、格致科、农科、工科、商科。与高等学堂所有类别学科将外国语设定必修课不同的是，《奏定大学堂章程》中大学堂的政法科、医科、格致科、农科、工科均未设置外语课程。其原因是"英、法、俄、德、日语，应于高等学堂中习其一二种，不能待至大学堂始习。故选科生不准专习英、法、德、俄、日语科，以致成就太小，不合大学堂程度"。可见，新学制的制定者认为进入大学堂的学生在高等学堂阶段已经基本上解决了专业学习所需的语言问题，大学堂阶段应专注所选专业知识学习，外语课的开设势必分散学生的学习精力，影响专业学习效果及程度。虽然外国语没有被设定为以上五科的必修课，但大学堂对于其中那些与语言学习有关的专业或外语程度不能达到要求的学生，可以通过"补助课"的形式开设外语课程。经学科中的周易学科、文学科和商学科的所有门类均开设了外国语课程，除个别门类外，每学年的周学时数均为6小时。其中，文学科下设了英国文学门、法国文学门、俄国文学门、德国文学门、日本国文学门五门外语专业。

《奏定大学堂章程》正式将英语作为一门专业设置在高等教育系统之中从而成为近代中国英语专业教育的起点。与同文馆的英语专门人才培养相比，癸卯学制对于英语专业教育的课程设置更具时代性和先进性的特征。1901年1月清廷委派张百熙为管学大臣责其切实举办京师大学堂时提出"将学堂一切事宜，责成经理，务期端正趋向，造就通才，明体达用，庶收得人之效"。1904年张百熙、荣庆、张之洞在《重订学堂章程折》中又明确了"务期他日成材，各适实用，以仰副国家造就通才"的教育宗旨。在以培养"通才"为目标的教育思想指导下，癸卯学制中对包括英语在内的外语专业的课程设置，除了围绕语言文学展开的专业必修课外，还开设了补助课和随意课（即选修课）。应该说，这种课程设置体现了培养"通才"教育的理念，具有一定前瞻性，而且有利于消除英语专业人才知识结构过窄的不利影响，为该专业毕业生提供更好的职业前景。

第二节 民国时期英语学科教育的调整与个案分析

一、壬子·癸丑学制下的英语学科教育

1912年辛亥革命推翻了清王朝的封建统治，成立了中华民国。在教育方面，新政府首先废除学部，成立了教育部，由著名的教育学家蔡元培出任教育总长；从1912年到1913年，在教育部的组织下，出台了一系列的教育法规和法令，对封建主义教育进行现代化改造，探索适应资产阶级民主共和国需要的教育改革内容。1912年1月19日出台的《中华民国教育部普通教育暂行办法》和《普通教育暂行课程标准》将学堂改为学校，小学的读经科和清政府规定的教科书一律废止，中学取消文史分科。1912年7月，教育部召开临时教育会，经过热烈讨论和评议，又颁布了《教育宗旨令》《学校系统令》《小学校令》《中学校令》《师范教育令》等各级学校法令。这些新制定教育制度和法规整合为一个新学制，史称壬子·癸丑学制。

壬子·癸丑学制的整个学程为十八年（学前教育蒙养园和本科之后大学院的年限不计算在内），分为三个阶段：第一阶段是初等教育，包括初等小学三年和高等小学四年；第二阶段是中等教育，未进行分级，共四年；第三阶段是高等教育，分预科三年和本科四年（法科和药学为三年）。与清末癸卯学制的二十一年相比，学程缩短了三年。该学制吸收了清末学制的部分内容，对清末学制有所继承，但其性质却有着本质不同。壬子·癸丑学制的学校体系的设计更加完整，科学性和体系性均有所增强。在课程设置上，除了废止讲经读经等科目，更强调了包括外语科在内具有实用性课程。

壬子·癸丑学制规定有条件的高等小学可以开设外语课程，将癸卯学制只允许通商口岸城市在保持"中学根底"的原则下开设外语课的条件进一步放宽。但该课程根据规定在第三学年加授，每周需减少其他科目3小时，作为其授课时

数。1912年11月发布的《小学校教则及课程表》规定了高等小学堂的英语要旨：

> 在使儿童略解浅易之语言文字，以供处事之用。英语首宜授发音及单词短句，进授浅近文章之读法、书法、作法、语法。英语读本宜取纯正而有趣者，其程度宜与儿童知识相称。教授英语宜以实用为主，并注意于发音，以正确之国文译释之。

在中学阶段，外语课依然位居要位，其课时在整个学程的占比最高，甚至超过了国文。就中学阶段的英语学科教育而言，壬子·癸丑学制总的来说是延续了清末癸卯学制，但仍有变化。

虽然中学的学习年限缩短了一年，但根据两个学制的周学时来看，外国语在整个学程中的总课时应该是大致相当。从某种意义上说，在总学时保持大体一致的情况下，学程缩短意味着学习强度更大，足以说明学制制定者对外语课程的重视程度。从教学内容上看，癸卯学制从第一到第五学年的课程标准没有任何变化，而癸丑学制每一学年的内容均有不同，如"发音""拼字"两项只出现在第一学年的教学任务之中，第二学年之后便不再包括这些内容，而是在掌握了读音和拼写这两项基本技能之后，循序渐进地添加了造句、作文等内容。由此，与癸卯学制相比，癸丑学制在课程标准的制定及教学内容的设置上更具科学性。特别值得一提的是，第四学年增加了文学要略这项内容。可见，新学制除了教学内容会依据学情发生变化，难度也是有了相当程度的增加。

壬子·癸丑学制下的高等教育分为预科和大学两级。预科分为三部，其分类标准及对英语课程的设置与癸卯学制相比并没有太大的变化。根据《大学规程令》，大学分为文、理、法、商、医、农、工共七科，其中文科分哲学、文学、历史学、地理学四门，文学门下设八类，其中包括英文学类。较之《奏定大学堂章程》中对英国文学门规定的七门课程相比，新学制英文学门类开设的课程总数增加了4门，共计11门，具体科目如下：

> 一英国文学；二英国文学史；三英国史；四文学概论；五中国文学史；六希腊文学史；七罗马文学史；八近世欧洲文学史；九言语学

概论；十哲学概论；十一美学概论。

从新增的课程门类来看，言语学概论首次作为外语专业的必修课被列入课程表使英语作为一门语言学科的专业及理论属性进一步加强，而哲学概论、美学概论则体现了大学英语专业学科教育的人文属性，与当时外语学科教育目标认识的深化有直接关系。至于其他非英语专业的门类，除了商科下设的专业要求开设英语及第二外国语（德、法、俄、日之一）外，其他专业均未要求开设英语课程。但是在各类专门学校和实业学校中，英语仍然是备受重视的必修课，这一点与癸卯学制情况类似。此外，根据教育部颁发的《高等师范学校规程》与《外国语专门学校规程》，这两类学校也开设了英语专业。

需要提及的是，外国语专门学校的英语专业首次设置了法学类的两门课程，即法学通论和国际法。此等情况与当时的社会环境不无关系。民国初期的教育刚从封建旧制中剥脱出来，还处于转型期，而国家政体转变的现实国情以及深化政体改革的迫切需求使得高等教育中文科类的法政科发展极为突出。在当时整个高等教育发展比较缓慢的情况下，全国所有的专门学校当中，法政类学校的占比接近一半。在英语专业的课程设置中添加法政类课程应该是受此影响。就全国高等教育发展的形势来看，法政类学校过多势必造成学科发展的畸形，但就课程设置来说，有利于英语专业复合型人才的培养。

二、壬戌学制及之后的英语学科教育

壬子·癸丑学制颁布后，在实行的过程中发现了不少问题。从 1915 年湖南省教育会提议的"改革学校系统案"到 1921 年广东提出的"学制系统草案"（即辛酉学制）充分显示了对学制进行改革的呼声和需求，并极大促成了 1922 年全国学制会议的召开并通过了《学校系统改革案》。这部中华民国颁布的第二部学制被称为壬戌学制。壬戌学制最显著的特点便是中等教育的学制由原来的四年一贯制改为了三三制，即初中三年和高中三年，整个学程增加了两年。初级中学的设立有利于初等教育的普及，取消大学预科而设立高级中学对中等教育水平层次的提高以及实现由中等教育到高等教育的自然过渡和衔接均起到了积极的促进作用。高中分为普通科和职业科，将职业教育纳入普通教育。新学制消除男女课程差异、引入学分制、选科制等内容，也反映了新学制适应近代中国本土国情以及顺应世界教育潮流的需求。此外，该学制改变了之前几个近代学制参考日本学制而转向参考美国学制体系，进而奠定了以西方近代科学文化知识为主要内容的基本教育模式，被公认为"中国教育发展史上的一个新的里程碑，标志着我国现代教育体系的确立"。

壬戌学制中学的课程设置，无论是初中还是高中，外国语不仅被归入必修课之列，其学分在初中阶段甚至超越了国语，高中阶段也是与国语持平。以法令法规的形式将中学阶段的外国语（主要是英语）学科放置如此重要的位置是近代几次学制更迭中一贯以来坚持的原则。此举当然有近代中国学习西方先进科学技术及文化知识的迫切需求。但是参考当时主要几个西方国家中学阶段的外语课程设置，还是会发现壬戌学制对外语学科超乎寻常"青睐"。

通过比较可以发现，壬戌学制初中英语的周课时略高于美、英、德、法四国，高中英语的总课时要略低于其他四国同级的外语课程。这样的课程设置后来也产生了争议：一是当时不少学者基于"国语之应用比外国语当然要广"的论点对于这种外国语课时超过国语课时的安排表示异议。这也是较早在外语教学中处理本国语与外国语关系的讨论；二是初中和高中英语课程设置比例不合理，初中过重，高中过轻，对初中毕业就业以及高中毕业升学的需求均得不到满足。针对上述的情况，后来的学制对此进行了相应的调整。

按照课程标准要求，初中阶段外语学科每学年的周课时应为6小时，然而南开中学初中部三个学年的每周学时均为8，超出标准学时数的33%，极大地提高了英语学科在所有学科中的教学比重，充分显示了办学者对英语教育的重视程度。高中阶段亦是如此，与《高级中学公共必修的外国语课程纲要》中规定每周授课4小时、两学年授毕不同的是，南开中学整个高中阶段都开设了英语课程，而且每周课时达到了6学时之多，远远超出了课程标准的要求。除了在课表上安排较多的课时外，有些学校通过预习及作业等形式要求学生在课外也需要投入大量的时间来学习英语。这也难怪欧元怀曾在《教育危言》中发出"初中阶段学生功课之负担已嫌过重，此种压力最重的当为英语，英语天天要背，而英语于初中学生又是难读难懂，故每日清晨及自修时间均诵读不休，如我们骤然入校，几乎疑心这是否为'中国的'学校的感慨。

1922 年的新学制规定"大学校用选科制"，各科课程的授课时间以及学生应修科目均由各大学校长自行设计，并呈报教育总长。1924 年颁布的《国立大学条例》及附则更为明确地规定国立和私立大学可以依据自身办学特色制订人才培养方案。各大高校的英语教育主要分为两类：大学预科阶段的公共英语教学和英语专业（即英国文学系或外国文学系）教学，包括高等师范学校和专门外国语学校的英语专业教学。由于在课程安排、课时及学分设置等方面拥有自主权，教育主管部门的管理又相对宽松，加之在大学入学考试中设置英语为必考科目，很大程度上提高了生源质量。壬戌学制后的高等英语教育有了较快的发展，主要体现在以下几个方面：一是英语专业设置开始普及。根据 1923 年商务印书馆出版的《全国专门以上学校指南》的数据，在该年 36 所不同类型的高等学校招生中，有北京大学、南开大学、东南大学、复旦大学、北京高等师范学校等共 16 所学校设置了英语专业，占学校总数的 50% 以上。

四类高校英语专业的课程安排有所差异。北京大学设置的系科名称为"英文学系"，显然是偏向文学方向。除了英国史、美国史和近代世界史这类历史课程，其他的基本上都是文学类的科目，而且涉及的文学类型较为广泛。以"文"为主，"文""史"结合应该是北京大学英语专业的鲜明特征。作为私立大学代表的南开学校大学部，英语专业的课程对论文写作较为关注，反映其实用主义的教学理念，对学生语言实际应用能力的培养更为注重。师范学院开设的课程内容更为丰富。因为是以培养英语教学师资为宗旨，所以开设了教育学科、英文教授法、教育英文这类教育、教学类课程。此外，作为教授语言的教师，必然对"语言"要求颇高，诸如英文（语音学、会话）、文法、作文、翻译、修辞这些语言类课程分科特别细，其目的是帮助师范生牢固掌握英语这门外语，便于他们以后在课堂上传授准确的英语语言知识。外国语专门学校英语专业开设的课程门类也比较多，除了传统的语言、文学、历史类课程外，还增设了地理、政治外交、社会学类课程，可以说其课程设置显示出"大文科"的特色。另外，像唐文选读、秦汉文选读课程的开设说明该校对传统文学的重视，也是区别于其他高等学校英文专业的重要特征。

1928 年开始，全国大学又进行了一次调整，办学更加规范。据统计，1932 年在教育部立过案的高校中，有各类国立、省立、私立大学共计 36 所设置了英语专业。英语专业设置的逐步普及一方面反映了日益增长的社会需求，另一方面英语专业开设数量的增多为高校英语学科教育的发展创造了有利的环境和积极的氛围。

英语师资力量水平比较高。民国时期高等院校的英语教员主要也分为两类：一类是聘用的外籍教员；另一类是本土教员。由于清末是我国英语教学发展的起步阶段，师资力量严重缺乏，而且水平参差不齐。经过几十年的探索和发展，通过各种渠道培养出来的外语人才日益增多，其中不少在各大高校充任英语教员。

不难发现，他们当中在国内名校接受过英语教育，同时也具有出国留学背景的教师不在少数。比如，我国著名的英语语言文学家范存忠，在东南大学外国语言文学系就读期间，师从张士一、张歆海等人。1927年毕业后相继在美国伊利诺大学和哈佛大学攻读硕士和博士学位。在哈佛大学的英国语言文学系学习时，给他授课的教授均是该领域的名家。范存忠回忆他在哈佛学习经历时，就曾提及这些大师：《历史英语语法》的任课教授鲁滨逊（Fred Robinson）是一位乔叟专家。授课时，他大部分的时间讲述自己准备的材料，但条理清晰，能够由古及今；白璧德教授（Irving Babbitt）讲授罗梭与浪漫主义，上下千年，融会贯通；洛厄斯教授（John Livingston Lowes）的讲课着重阐发，上课总是娓娓而谈；最有名望的克特里奇教授（G.L. Kittredge）开设的莎士比亚课程历史悠久，旁听学生众多，他在课堂上善于启发和引导学生。在自由开放的学术氛围之下，范存忠汲取诸多名家学者的思想精髓，通过自身的修炼，其文学造诣也达到了一定的高度，学成回国后，又积极投身中国的英语教育事业。毫无疑问，这种与国际水平接轨的师资对提升我国的英语教育水平起到了极大的推动作用。

以下为南开大学英语系教授群的介绍，可以对该校英语系师资的整体情况有所了解：

柳无忌他是南大英文系主任，中委柳亚子的儿子，美国耶鲁大学文学博士，任职已经四年了。南大英文系来自他当主任后，变成华北各校英文系最负名望的一个，学生人数增加了好几倍，占南大文学院学生的过半数，慕名而来的更不少。他平居静默寡言，做事很认真，对人极和蔼，为学甚勤，诲人不倦。

罗凯岚是大名鼎鼎《苦果》的作者，华北名教授之一，南大英文系的大台柱，有好些学生是读了天津大公报发表的《苦果》，慕名而来南大的。他教小说方面的课程，任事教书都极为热心。课堂上的讲解极亲切有味，所以学生选他的课特别多。

司徒月兰她是一个留美的华侨，却说得一口漂亮的国语，现在南大担任诗歌方面的课程。她对很多浪漫诗人特有研究，英语说得流利，自是华侨的特长，常在柳无忌与罗凯岚合编的《人生与文学》月刊上发表论文，不过原著是用英文，由她的学生代为翻译成中文而已。她虽是"密司"，但有一个布置得极精密的家，常找女同学去她家开茶会，她并弹得一手好钢琴。

张彭春他是戏剧专家，曾和梅兰芳去过外国好几次，在国际上是闻名的。他在南大英文系担任戏剧方面的课程讲师。那是再适宜也没有的了。他不但对新旧戏剧都有研究，而且会导演，说话也最富戏剧的味儿。他的及门弟子很多，《雷雨》的作者曹禺便是他的得意学生之一。他最近出国，应英国牛津剑桥各大学之请作学术演讲。

另外，民国时期的外籍教师总体水平较高，其中不乏业内翘楚。美籍教授罗伯特·温德（Robert Winter）自 1923 年来到中国，先后在东南大学、清华大学、西南联大教授英语语言文学。英籍教授燕卜荪（William Empson）在北京大学任教时，因莎士比亚课上没有书本在黑板上默写出了《麦克白》而传出一段佳话。可见，无论是本土教师，还是从国外引进的学者，他们不仅在其各自的领域有较高的学术造诣，保证大学开设的各类课程能够由精于该门学问的教师授课，这些师资还凭借其优秀的师德、教风给学生带来积极影响，在很大程度上提高了英语学科的教学质量。

英文原版教材及读物的使用。民国时期高等院校的英语专业主要偏文学方向，"各类学校用的基本上还是引进的欧美文学体系的教材"。除了英语专业，非英语专业的英语课和专业课使用英语原版教材或读物也较为普遍。使用英文原版教材或图书，一方面可以利用专业知识的学习来提高学生的英语水平，另一方面通过英语来获取专业知识也凸显了英语作为语言工具的实用性能，为学生进一步的学习深造打下良好基础。虽然使用英语原版教材的好处显而易见，但是它对教师和学生的语言水平要求较高，而且也必须选择合适的教材进行学习。作为我国英语教育先驱之一的葛传椝先生在大同大学任教期间，就提出过原版教材的选文太深，不太切合学生英语水平的问题。

但是，随着英语教学的推进，这种情况日益改善。在他执教大同大学时期，"至少在选文上大部分是比较新的，而且大部分都不是文学作品"，在这点上，葛传椝认为是"较前有所进步的"。因此，使用原版教材的正面效益还是起主导作用。

三、中学英语学科教学个案分析——南开中学

梁启超于1917年在南开中学的演讲时赞叹道："假使全国学校悉如南开，则诚中国之大幸"，足以说明南开中学在中国近代教育史上的重要地位。作为南开中学的最早前身，"严氏家塾"便是以英语及其西学知识的教授为肇端，似乎也昭示了该校后来在英语学科教育方面成绩斐然的必然性。

(一) 学校的历史沿革

南开学校系列是由最初的旧式"家庭学校"逐步发展而来。1898年、1901年，张伯苓先后受聘于严修与王奎章，教授两家子弟英文，算学及理化诸门学科，分别称为严馆和王馆，为南开学校历史上之胚胎时期。1904年，在严张两人赴日考察学务归国之后，便将两馆合并，成立了私立中学堂，是为南开历史的开端。历经两次易名后，在严修、王益孙等人的捐助下，学校于1906年搬离严宅偏院的老校舍，正式迁入由津绅郑菊如捐赠位于天津城西南角南开的新校舍，遂改名为"私立南开中学堂"。

1911年，天津客藉学堂和长芦中学并入南开中学。1914年，直隶工业专门学校与法政学校两附属中学亦归入南开中学。经过两次合并，南开中学的办学规模有了相当程度的扩张，在校学生超过千人。在严修、徐前犬、陈小石、朱经白、刘仲鲁等人的捐助下，学校购置土地、新建校舍，年年都有新变化，取得了较快的发展。1923年，为了响应改善社会男女教育不平等的现象，张伯苓排除封建余孽的干扰，积极筹措经费成立了女中部，首批招收了70多名女生，

分为两个班进行教学。后来，南开中学被日军炸毁。随后，一部分师生被迁往重庆的南渝中学。为了延续天津南开中学，该学校更名为重庆南开中学。抗日战争结束后，南开中学在天津复开，但重庆南开中学得以继续保留。1952 年，天津南开中学改制，由私立变为公立。

（二）英语教育特色

南开中学从其胚胎时期伊始就注重英语教学。作为一所历史悠久的私立学校，该校创办人及后继者经过不断的探索与尝试，在英语学科教育方面取得了突出的成绩，在全国范围内起到了英语教学的示范作用。通过分析与归纳，南开中学英语学科教育主要特色如下：

一是以先进的教育思想和理念为指导。南开中学的教学质量之所以能够享誉国内外，特别是在英语教育上独树一帜，首先离不开其先进的教育思想。南开中学的主要创始人严修是一位主张"育才兴国"并身体力行地投入新式教育的开明官绅。当初聘请毕业于北洋水师学堂的张伯苓作为其家塾的老师，教授自家子弟英文及西学便可见识他在教育上的远见。严修思想上也颇为开放，多次出访日本和美国考察国外教育，汲取国外先进的教育思想。1904 年从日本考察回国时，他就立下了办一所模范中学的初衷。这一思想对南开中学的教学规模、办学条件、教学师资、生源质量等方面从一开始就提出了较高要求。这也是南开中学英语教学师资力量雄厚的重要原因。由于一直秉承"教育救国"的方针，力图以科学技术增强国力，所以南开中学在教学上特别重视科学和英语课程。民国初期，学校就配备了物理、化学实验室。更为重要的是，学生实验课上完之后需要用英文书写实验报告，这种水平是当时其他中学所不能企及的。反对传统教育的死记硬背，强调学以致用也是南开中学开办以来一直秉持的教学理念。不同于其他学校英语教学从日常用语开始，南开中学早期的英语课就以《科学读本》（*Scientific Leaders*）为教本，采取的就是类似当代基于内容的语言教学方法，再辅以文法，进行系统的语言学习，可谓教法之先进。曾经在张伯苓出国考察作为代理校长的张彭春在"中国教育现代化"思想的指导下，还提出利用电化手段，戏剧的方式学习语言，通过鼓励学生创办英文刊物，不仅激发了学生英语学习的积极性，对他们语言表达能力以及应用能力的提高也大为有益，实现了"在学校学到的英语不再是僵死的语言和单纯的笨重而无用的工具了"。在学习西方先进教育思想、理念和方法的同时，南开中学也认识到："苟一味痴随他人，其所遗，而不能独创，其将终于落伍"。因此，不再简单地照搬或模仿，而是在前者的基础上创新也是南开保持其在全国领先地位的重要原因。

二是注重学制及课程设置的调整，满足不同学生及社会的需求。由于对英语学科的重视，南开中学无论是初中阶段还是高中阶段，英语课时量一直位居首位，规定的课时数一般都会高于国家标准，前文已有论及。不仅如此，该校亦能顺应时局与学生的需求，不断改革和完善学制及课程设置，已达到最佳教学目的。南开中学在 1916 年分设文理两科，学生在第四学年随其偏好，任选一科。虽说南开中学的教学质量应为当时中国之翘楚，根据数据显示，该校学生的升学率可达百分之八十以上。即便如此，学校仍然充分考虑到哪怕是一小部分未能升学者的生计问题，因此于 1918 年增设了商科。此后，南开学制实行所谓"二二学制"，即前两年普通，后两年分科，第三年分文理科，第四年分文理商科。南开中学英语科的课时量占据绝对的优势地位，三年级还专门开设了文理兼修的"译英文"课程。除国文及其相关课程外，教科书也基本上选用英文原版。但三年级分为文、理两科之后，对学生的要求也发生了相应的变化。文科的物理、化学都用国文教科书，理科的物理和化学仍用英文教科书。这里需要说明的是，对文科生的理化教科书改英文原版为用中文教材并非不重视英文而是出于"初三分量过重，初二学生升入后，似有不能衔接之虞……英文教材减少，使全年级功课分量减轻"的考虑。四年级除了国文、英文和近世史为必修外，另由学生任选两科肄业，但必修符合该生前期的选科以及升学或处事之目的，并要求经教务课认可后方能入班学习。可见，南开中学一方面给予学生更多选课的自由，另一方面也结合学生自身的情况进行一定的限制对其选课进行指导。1922 年壬戌学制实行中学"三三学制"之后，南开中学也顺势而为进行了改革。从该校校刊《南开周刊》上多次发布的中学课程表来看，南开中学在分科、选科及课程设置上也在不断地探索和完善。高中阶段再分为甲、乙、丙三组授课之后，又对各个学科的教学内容和难度进行了调整。喻鉴在《南开周刊》1925 年第 123 期发表的《三三新课程》中提出：

现实行混合编级制，于理商科学生有不甚适合处。自下年起，乙组第二第三年英文与甲组分级，庶分量与教材科另行规定。丙组作文班亦单开，改授商业英文。

商科添授商业英文、商业管理、会话等科改为两年，藉以增进应用技能。由于文、理、商科学生对于英语的需求有所差别，南开中学提出同一年级实行分级教学，设置不同的学分和采用不同的教材；又针对丙组商科学生的职业需求，增开"商业英文"课程以增强学生的实际应用技能，这些举措在当时来讲应该是具有先进性和前瞻性的。在历次课程改革的过程中，南开中学总是保持着一种开放的态度，积极征集大学教授、中学教员以及学生三方面意见，力求制定出更为科学、合理、能够满足学校人才培养目标的学制与课程设置。

三是重视教学管理工作。应该说，南开中学的教学管理是其英语学科教学质量高水平的重要保障。首先对于英语师资，学校实行严格的聘用与考察制度。国内大学的优秀毕业生、学成归来的留学生以及外籍教师或社会专家，是南开学校教员的延揽对象。早期在外语教师的聘任上，校长张伯苓还亲自参加口试环节，严把教师入职质量关。平日教学期间也通过随时走访课堂、抽调学生作业等手段监督和考察教员的教学工作。在教学实践中，学校对英语学科的教学宗旨、目的、内容、学程、方法、教材、课程考核等方面进行了详细而严格的规定，从而全面把控教学质量。

南开中学从升学和就业两方面考虑，对选科不同的学生制定了不同的教学目标；其次，纲要具有极强的指导性和操作性。比如，在高中阅读方面，纲要对学生阅读材料的类型、教员的讲解方式及培养重点均作了详细说明；再次，纲要涉及的教学内容很全面，除了阅读、文法，就连英文的书法都提出了明确要求。

为了保证教学质量，南开中学成立了教务科专门负责各科的教学事宜。每科及每个年级也都成立了相应的研究会，负责讨论和研究该门学科的教学工作。该校的《南开周刊》经常发布有关英语教学研究会的会议纪要。

南开中学的英语教学研究会议主要讨论了教学资料、教学方法、课程内容、教学计划、教学进度，组织活动等内容。这种常规的教学管理工作对于保证英语学科教育正常有序地进行、顺利实施各项教学活动，以及有效提高教学质量起到了关键作用。

四是开展社团活动，营造英语学习的积极氛围。作为学校办学特色之一，南开中学非常重视校园文化建设，成立了各种类型的学生社团，比如英文学会、演说练习会、话剧团等。社团开展的校园文化活动，既有文体类的，也有学术类的。除了有利于培养学生的道德习惯和锻炼学生的组织能力外，它们对于"活化"课堂所授知识及学科教育的发展也起到了推动作用。学校的英文学会、英语戏剧社就是以提高学生英语学习兴趣、促进英文学研究为目的的学生社团。为了产生良好的教学辅助效果，通常这些社团都有较好的组织结构和规划。根据《南开周刊》的记载，英文学会组织的活动内容多样，形式各异，老师也经常参与其中，起到了较好的指导作用。南开中学正是通过英文学会、话剧社等社团组织，开展了英文演讲、辩论、话剧表演等兼具知识性、教育性及趣味性的活动，营造了一种积极向上的文化氛围，成为该校课堂英语教学的有效补充。

作为一个私立学校，南开中学之所以能够从清末时期的一个家塾发展为民国时期赫赫有名的中学，主要凭借创办人及管理者先进的办学理念、优秀的师资水平、严格的教学管理制度。从张伯苓在"严馆"时期教授英文开始，认识外语在近代中国社会中重要作用以及注重英语教学的态度，在南开中学发展的每个阶段都是一以贯之。将英语纳入招收学生的必考科目、面试外语教师的口语水平以及创造浓厚的外语学习氛围等举措也使得南开中学的英语教学处于全国的领先水平。南开的英语教学特别强调将语言文字与生活学习发生直接的联系，使学生熟悉英语，能以英语思想，并用之以发表其思想；明白并应用口述或写作的方式，了解外国人民及其文化。

第三节　英语学科教育经费

教育经费是教育之命脉，是开展教学活动的重要保障。洋务运动时期，中国英语教育正式起步。在封建传统教育与近代新式教育的相互交织中，英语教育经费的筹措也面临着困难。受政局动荡与社会变革的影响，国家教育经费的筹集与支出在较短的时间内几经更替，对英语教育的发展产生了一定的影响。

一、教育经费的筹措与来源

清代前期的教育经费主要是由中央官学经费、地方学务经费、民间办学经费、科场经费组成。这四部分的经费来源与管理也不尽相同，基本上实行的是定向定额的教育经费收支制度。总的来说，这一时期并没有一个专门的机构或部门对教育经费进行统筹规划与管理。鸦片战争之后，清政府与西方列强屡次交手后败下阵来。一系列不平等条约的签订带来了巨额赔款，加之政府本身庞大的开支，不堪重负的国家财政已经无力承担新式学堂的教育经费。同时通过不平等条约洋人逐步获取了海关的控制权。尤其是 1858 年《天津条约》的附约《通商善后条约：海关税则》将原来的外籍税务监督制度，转变为外籍税务司制度，并且建立了总税务司署，标志着近代中国海关主权的完全沦丧。尽管近代中国海关名义上还是清政府派设的行政机构，总税务司也由它任命，但事实上，因为清政府对其寄予增加国家财政税收的希望，对这个部门"深资倚重"，使得由外国人掌控的海关势力日渐深入中国包括教育在内的各个领域。

自近代中国海关由洋人控制以来，特别是赫德接管海关总税务司一职后，海关收入有了显著的增长。据《清史稿·食货志六·征榷》记载："合计洋关岁征各税，咸丰末年，只四百九十余万。同治末年，增至千一百四十余万。光绪十三年，兼征洋药厘金，增为二千五十余万。三十四年，增至三千二百九十余万。宣统末年，都三千六百十七万有奇，为岁入大宗。"可见，鸦片战争之后，海关关税的增加虽然标志着中国半殖民地半封建社会状态下财政收入被西方势力控制，但它确实成为晚清财政收入的主要来源，为解决战争赔款等问题发挥了重大的作用。作为专门处理外交事务的总理各国事务衙门，其中的一部分经费也由海关关税提供。因此，这些政治、经济、外交相互交错的纽带使得解决兴办洋务学堂经费的重任落到了中国海关身上，尤其是在赫德的大力支持与参与下，海关关税开始成为近代英语教育的主要来源。

1862 年 8 月，《总理各国事务奕䜣等折》提出："近年部库支拙，无款动支，再四斟酌，惟于南北各海口外国所纳船钞项下酌提三成，由各海关按照三个月一结，奏报之期，委员批解臣衙门交纳，以资应用。"京师同文馆增设天文、算学馆之后几年，经费有所增加。因为自同治十三年各海关并将招商局轮船所纳船钞全解臣衙门交纳，亦经一体收支。此项船钞于光绪三年分六十七结起，以三成解臣衙门交纳。此外，尚有海关解交洋商雇用华船钞银并经附入奏销。除了外国船钞，招商局和洋商雇佣中国船只的船钞都必须以三成向总理衙门缴纳，以供同文馆开支。应该说，作为总理衙门直管的京师同文馆，其办学经费还是较为充足的。1863 年 6 月，江海关道详南洋通商大臣李鸿章上奏："……伏查上海设立同文学馆，前经札委上海县儒学章安行择定旧学地基，购备工料，督同董事举办在案。所有章程经费等项自应预为筹计，兹经职道拟议同文馆章程十二条，先行试办。至馆中教习薪水及一切经费，每年约需银八千两之数。当此库款支绌，别无闲款可筹。唯有仿照原奏，亦请于海关征收外国船钞项下，核实支销，以资需用。"1869 年 11 月，上海广方言馆并入江南制造总局时，"其每年七成船钞项下所扣银 500 两，即移归制造局专款存储核发，按月将支发各数，另立一册，以备将来赫德税务司查考。"1863 年 6 月，署两广总督都察院左副都御史晏端书广东巡抚黄赞汤上奏设立广州同文馆时称："所需各项经费，已与粤海关监督毓清筹商，酌提船钞备用，搏节核实支销。"这些历史材料说明，三所外语学堂办学经费均来自海关，上海与广东的同文馆主要采取就近原则由当地的海关自己筹集，而且均主要来自海关船钞税项。

除了外语类学堂外，洋务派又加紧创办了多所军事技术学堂。由于引进和学习西方先进军事科学与技术的需要，外语特别是英语成为其中最受重视的教学科目。这类学堂的教育经费来源如外语学堂一样，主要来自海关关税收入。福州船政学堂创办之初对教学经费作了总体规划："计造船厂、购机器、募师匠须费三十余万两；开工集料、支给中外匠作薪水，每月约需五六万两；以一年计之，需费六十余万两。创始两年，成船少而费极多，迨三四五年，则工以熟而速，成船多而费亦渐减。通计五年所费不过三百余万两。五年之中，国家捐此数百万之入，合虽见多，分亦见少，似尚未为难也。"这笔办学经费的数额虽然巨大，但"就闽而论，海关结款既完，则此款应可划项支应"。为了应对可能出现的经费不足，还提出了"提取厘税益之"的办法。1896 年，两江总督张之洞提出在南京陆军学堂附设铁路学堂时奏道："今拟另延洋教习三人，招习学生九十人，别为铁路专门，附入陆军学堂，以资通贯。约计常年经费亦须二万数千两。事关军国要图，该两项常年经费共需六万余两，合无仰恳天恩，即在江海关新认加解每年四万两，镇江关新认加解每年七千两，共四万七千两一项动支。"由此，两堂经费分别来自江海关与镇江关的海关税收。但针对"陆军铁路两学堂经费尚不敷银二万两"的缺口，则采取了商捐的形式补齐："嗣据江海关道黄祖络等察称商捐业已办妥，计每年可收钱一万二千余串，据常镇道吕海禀镇江亦可劝办，惟为数较少各等语，近准户部咨催，令举办土药店捐输，现经札伤江宁、江苏两藩司，常镇、淮扬两道，于江宁、江苏、镇江、扬州等处最为繁盛之区先行劝办，其余府州县，由该司道体察情形酌量处理，大约此项商捐每年总可筹银二万两以外，其两堂不敷经费，拟即于此项膏捐项下凑足。"

近代中国海关除了为最早的外语学堂及新式学堂提供办学经费外，也成为清末英语留学教育的重要保障。为了更好地培养新式人才，清政府决定从1872年开始向美国分批次派遣留学生。关于派遣费用，李鸿章在其回复曾国藩的信中称："先清试行，每年选送三十名。以三年为度。九十名及委员、三教习驻洋，岁需仅五万四千两，加之来往脚费。不过六万馀两，即以二十年计之，约需百馀万耳。奏明在沪关四成洋税按年提拨，尚不为难，亦不致骇人听闻。"对于福州船政学堂派遣学生出洋留学，李鸿章也在《闽厂学生出洋学习折》提出："出洋经费分年汇解，约共需银二十万两……议定由闽省厘金项下筹银十万两，闽海关四成洋税项下筹银五万两，船政经费项下均拨银五万两。是此项二十万之数，均已议有着落。"不难发现，福建海关承担了留学经费的四分之一。

继外语学堂之后，在洋务派开办的军事、技术学堂中除了来自海关的拨款外，不少学堂直接在海防局或筹防局项目下开支经费。如广东水陆师学堂在"购买地基添造学舍兴筑广场约估需银六万余两，每月员弁薪水，华洋教习薪费，学生膳费，丁役工食约需银五千两，按之津闽章程已属节省，除博学馆原有每年息银六千余两外，应于海防经费项下开支"，还有天津水师学堂也规定"所有月给办公、薪夫银两及学堂练船一切用项，均由海防经费内核实开支"。需要指出的是，海防局的经费也是来自海关，办学经费由海防局划拨实际上还是从海关关税而来，只是多了一道程序而已。

此外，个人或社会捐款虽然并非主流方式，但也为近代英语教育经费的筹集出了一分力。以"专习英文，分驾驶一途，制造一途，其制造之精者"为旨的广东西学馆便是以督臣刘坤一捐存银十五万两作为学堂开支经费，"建馆银一万六千四百七十两，以及馆外续估零星工程银三千余两，并购置书籍器具等项经费，统于此项存款内开支"。

张之洞督鄂期间，由于大举兴学使得湖北地区的教育有了较快的发展。无论是之前的自强学堂还是改制之后的方言学堂，作为湖北地区第一所外语学堂，学堂的英语学科教育取得了突出的成就。而湖北自强学堂在创办时期便提出"所需经费，暂就外筹之款"。由于缺乏稳定的经费来源，自强学堂主要靠社会捐款的方式筹集办学资金。除了两湖茶商的社会捐款外，学堂总办蔡锡勇所办理的银元局也为自强学堂提供了办学经费。另外，自强学堂还采取了取消膏火费及收取学费的方式为学堂经费开源节流。《自强学堂不给膏火示》提出："原拟学生每月给发膏火银五元之处，兹特改定章程，此项膏火银五元勿庸发给，惟由学堂备给饭食及以上应用各器具。"应该说免去学生每月 5 元的膏火银是张之洞了解到西方国家的学校向学生收费而想到的一个变通之法。不给膏火费不仅可以减轻学堂的开支，也能够实现"不以膏火之有无为进退，倘有名为向学、实图膏火者，自必废然而返，变计不来，则入学之人皆系有志求益之士，学堂规矩更形严肃"的目的。在自强学堂刚刚改制方言学堂时，张之洞还规定对入学的非湖北籍学员收取每人 100 元或 160 元不等的学费，虽然数目不多，但对经费筹集压力还是有所缓解。总的来说，改制方言学堂的最初几年，由于湖北教育财政基本可以维持收支，学堂筹措的经费每年能够保证学堂的运行与发展。

从 1897 年起，自强学堂与其他省立学堂一样办学经费主要由地方财政湖北善后局负责，每年领银三万两，实现了由官方拨款办学。自强学堂改制方言学堂后亦是如此。

1905 年，方言学堂改为由官钱局拨款，每月 3800 元。1907 年，又改在学务公所领款。当年，每月领取的金额几经上调，达到 4700 元，即每年 5.64 万元。这个拨款的经费额度一直持续到 1910 年。

从京师同文馆开始，近代新式学堂的办学经费基本上都是专款专用，主要来源途径是海关税收，也有部分来自海防局等相关部门，兼以社会捐款或酌收学费。概言之，这些学堂财源自主，不须经由户部从国库提取，也未纳入国家的财政体系。可见，洋务运动时期的英语教育经费来源并不稳定，缺乏统一规划与管理。进入20世纪，清末进行中央教育行政机构改革，成立学部主管学政。在学务大臣下属的学务处里设有会计处，成为专门负责管理中央教育行政和直属学堂经费的部门。由此，还确立了除少数学校由中央及省财政负责开支外，其他各级学校经费主要来自地方官费、捐赠或承袭过去书院财产收入的经费模式。

民国成立之后，依据国家税和地方税的划分标准，政府主要根据地方税收情况制定各级教育经费的摊派。大学办学经费由中央财政负责开支，专门学校除少数直辖由中央负担外，其各省设立的均由各省财政负责。由于各地财政状况不同，拨付的经费额度有较大差别。湖北外国语专门学校从学员和教员人数来看都是规模最大的，可是经费却不及其他学校。对于私立大学中央财政选择性地酌量补助，各省的中小学均由当地财政负责。

由于国民政府的军事开支巨大，本来就不足的教育经费被挪用更是常有之事。不少学校由于缺乏经费已经难以维系。为了保障国民教育的正常运作，经教育界人士的呼吁，第六次全国教育联合会议提出了"教育经费独立案"。虽然历经曲折，各省实现独立的程度不一，但这一变化对包括英语学科教育在内的各个学科在教育经费方面提供了制度保障。

在近代英语教育史上，还有一项特殊的经费来源，就是庚子退款。1909年，美国倡议减收部分庚款，实则退还了一笔数目大约为1100万美元的款项。这笔钱主要用于创办清华学校及派遣留美学生。清华学堂作为留美预备教育机构，特别注重英语教育。学堂除了中文课程，其他课程均为美籍教师支援，课程设置与教材都源自美国。应该说，从清华学堂到清华大学，出色的英语教学成绩与其充足的经费不无关系。1917年，经过中美双方协商，美国答应将应付余存部分一律退还。该协定于1924年在美国两会通过后正式开始执行，退款总额达到1200多万美元，主要也是用于中国科学文化教育事业。这其中也有对包括中华教育改进社等社会教育团体的资金支助。中华教育改进社在其第三届年会上做出了在各国庚子赔款中用作教育的一部分退款内，应制定若干数充作改进英语教学之用途，并由筹划教育经费委员会酌办的决议。除了美国，还有法国、英国、比利时等国家也加入了庚子退款计划，教育成为这些退款使用的一项重要途径。利用这部分资金推动中国的留学教育事业，对近代中国英语教育的发展来说也起到了重大的促进作用。

二、教育经费的使用与开支

近代中国英语教育的经费受整个国家财政状况的影响一直都不充足。在此情况之下，教育经费的分配与使用是否合理直接关乎英语学科教育能否健康、稳定地发展。以下就近代中国英语经费的使用与开支进行概述。

近代英语教育的起步阶段，国内根本找不到合适的师资人选，只能聘请洋人。虽然是不得已为之的办法，但是从外语教学的角度来衡量，聘用本族语的人士进行外语教学具有先天性的优势。为了"令其专心课徒，伸无内顾之优"，总理衙门不惜重金聘请。与洋教习的高薪相比，汉教习薪酬低下，两者相比可谓"厚薄殊"。中外教习薪酬相差好几倍，上海广方言馆的两类教员的薪水差额甚至多达12倍。事实上，洋教习除了薪水，还有其他各类开支。如广东实学馆对洋教习支出还包括"医学杂费月共支银75两，另舢板轿夫等费月共银七十余两"。福州船政学堂的洋教习往来路费、安家费，回国时发放月薪贴。此外，学堂对洋教习实行的奖励政策也产生了一大笔费用。船政学堂经过几年的办学，实现了事先预计的目标，即中国员匠达到了能自监造驾驶的水平，于是按照规定给予外籍监督分别嘉奖各银24000两，外国员匠6万两的奖励。

在不到4万元的办学经费中，用于洋教习薪水以及与其相关项目支出的费用就将近2万元，已经超出了经费收入的一半以上。诚然，高薪及优厚的福利待遇有助于激励教习更好地进行教学工作，但确实存在费用压力过大的问题。广东实学堂改制西学馆时就提到洋教习薪水"未免太费，应酌减裁"，更何况在洋教习队伍中也有不少不甚得力者。

为了吸引学员进入新式学堂学习英语，以及提高学习效率，近代新式学堂采取了给学员发放膏火与奖金的制度，成为教育经费的一项重要开支。根据光绪十三年的《同文馆题名录》记载："同文馆既系为国家培养人才而设，则入馆学生向例按等级给予膏火薪水。其入后馆肄习洋文者，月给膏火三两，俟学有成效，选拔前馆，月给膏火六两，越数年课业颇有进益，则增至十两，更择其优长者举充副教习，月给薪水十五两。至选派出洋充翻译学生者，月给薪水一百两，充三等翻译官者，月给薪水二百两，余随升价逐增，以昭激励。"上海广方言馆最初制定的膏火金额是"每人日给银一钱，每年以十一月为度，计一千三百二十两"。福州船政学堂则是每月给膏火银四两。一方面，这些膏火银的数额并不是一成不变的，不少学堂还会酌情添加。另一方面，为鼓励学生熟练掌握外语，学堂通过考试检查学习效果，对成绩突出学员的奖励也颇为大方。如上海广方言馆"由监试三月一送上海道考试。如西文西语以及所业之文均有进益，酌赏银四两至八两，以示鼓励"，广州同文馆学生"每月考查一次，一等三名，每名赏银二两；二等四名，每名赏银一两，一年约需奖赏银八十八两"。除了膏火银与奖励外，一般来说学堂还要向学员提供免费住宿与伙食。湖北自强学堂在1897年以前的规定还为学生提供书籍、纸张、笔和其他生活用品。此外，学员回家省亲、完婚、守孝或外调出差，其路费及差旅费均由学堂支出。

除了占比较大的教习与学员开支外，学堂管理层、教辅人员、勤杂人员的薪水与待遇以及基建、日常开销等也是教育经费开支的重要组成部分，而且各个学堂的情况也会有所差异，并无统一标准或规定。虽然清末财政面临严重的危机，但以培养新式人才的外语学堂及各类军事技术实业学堂还是通过各种途径筹措到办学经费。然而，由于彼时适应新式教育的财政制度还未完全建立，不少学堂在经费的分配使用上存在较大的问题。研究发现，为京师同文馆办学而解拨的海关船钞的3成远远超过同文馆所需开支，因此总理衙门的多项费用从中开支。其中，开支比例最高的项目是神机营，占到了整个船钞的3成百分之三十多，1874年甚至超过了5成。在属于同文馆自身的支出中，费用占比最高的前两位是饭桌费和学生开支。同文馆对馆员免费提供食宿，但是伙食费的开支能够达到如此巨大的金额确实令人震惊。曾就读于京师同文馆的齐如山在其自传里有过对馆内伙食的描述引如下：

> 驻馆的学生，除不管衣服外，其余都管，所谓煤油蜡烛，微如纸媒洋火等，都由馆中供给。饮食最优，六个人一桌，共四大盘、六大碗，夏天一个大海，还有荷叶粥、果藕等。冬天则无大海，而添一个

火锅，盘锅中的菜不必说，单说这个火锅，共分三种，任凭学生点要，一是什锦锅，二是白肉锅，三是羊肉锅，所有各种羊肉片、鱼片、肝片、腰片及鸡蛋冻豆腐等合着一切作料应有尽有，总之跟从前北平正阳楼一样，吃不够再添。这还不算，如果不愿吃，仍可随便要菜，不但此，倘有熟人来亦可留饭，也是随便要菜，不但吃饭一文钱不用花，连赏钱都没有。从前有好几位外国教员告诉我说，世界上的学校，没有同文馆待学生再优的了。

如此品种丰富、营养均衡的伙食的确需要大量经费的开支。而且，伙食费还呈现不断上涨的趋势，1894年居然到达13000余两。根据学员的招生人数并没有跳跃式增长的情况来看，笔者推断应该是同文馆因为没有执行严格的学制造成大量没有毕业的留馆学员人数逐渐增多导致伙食费逐年上升。相比之下，用于同文馆购买书籍、教学设备等教学支出就显得相形见绌。一般情况，其支出比例为2%左右，1874年的记录为0，即没有任何相关开支。由此看来，京师同文馆的经费由船钞三成支出应该是相当充足的。经核算，同文馆实际使用的经费只占船钞的三成30%左右，剩下的自然被总理衙门挪作他用。而饭桌银与学生开支，作为对学馆英语及西学教育并无直接关系的两项开支却数额大，比重高。这种效率低下的经费分配方式显然对英语教育的发展毫无益处。

近代中国以西语与西学为教学内容的新式学堂在国家财政极其恶劣的环境下，主要通过海关税收为经费来源以专款专用的形式为学堂教学提供了资金保障。由于财源自主，各个学堂对经费的使用也拥有较大自主权，出现了如京师同文馆那般将专项经费挪作他用的情况。高薪聘请洋教习、为学员提供膏火及各种奖励虽然都有其积极意义，但是为学堂的经费开支带来巨大的负担，造成经费的使用和分配极不合理。清末实行教育改革后，教育经费主要由中央、各省及地方财政分别负责的形式，改变了以海关税收为来源的这种非正常模式。民国时期，政府主要根据地方税收情况制定各级教育经费的摊派，采取了中央财政办大学以及部分专门学校，其他学校均由各省各地财政负责的体制。

中国英语教育经过几十年的发展，更多本土培养的人才逐步充实到英语师资队伍，缩减了大量聘请外籍教师的开支。从清末就逐步废除了的学生膏火银或补贴制度正式转向收费制，不仅节省了大笔费用，还反过来成为办学经费的一部分来源。几乎与英语教育制度化同步进行的教育财政制度也日益与西方先进制度接轨，各类经费收入与支出相关的法令相继颁布，对教师薪水待遇、学生收费等有了具体的规定。但总的来说，近代中国的财政形势一直较为紧张，不少政策制定了却因为经费原因难以落实。因此，民国时期存在教育经费投入总量严重不足的情况，自然也会对英语教育产生不利影响。据统计，从民国成立直至抗日战争全面爆发，即便是在局势相对稳定经济取得较快发展的南京国民政府时期，全国的教育经费预算在中央总预算所占比例平均在3%左右，最低的时候不到2%。可见，经费不足也成为制约近代中国英语教育发展的重要因素。

第三章　近代中国英语学科教育的
政策与范式

第一节　英语学科教育政策的演变

外语教育政策可以定义为"国家机关、政党及其他政治团体在特定时期为实现或服务于一定的外语教育目标所采取的政策行为或规定的行为准则，包括各种外语教育政策文件、重要的领导报告讲话、专业性的课程标准与教学大纲等。"作为国家大政方针的重要组成部分，外语教育政策与国家的政治、经济、文化、科技以及国家安全、民族文化传承息息相关。虽然前文在叙述近代中国英语学科的建立及其教育发展过程中对一些重要的政策性文件如各类"学制"有过介绍与分析，本节将分晚清时期与民国初中期两个时间段对近代中国的英语教育政策进行更为详细的历时梳理，展现其演变进程、基本特点及发展趋势。

一、晚清时期英语教育政策的分析

近代中国的英语教育肇始于洋务派兴起的洋务运动。正因为处于起步阶段，作为一个新生事物，这一时期的英语教育没有现成可鉴的模式，一切都处于摸索阶段。以下将从英语教育的指导思想、对"西语"与"西学"课程关系的认识、从英语学习与教学规律的探索以及以英语为主的外语教育普及与制度化四个方面来分析该时期的英语教育政策。

(一)"中体西用"的教育思想

清政府统治者"天朝上国"的美梦被西方列强的坚船利炮打破后，一部分先进知识分子开始探索救国之路。魏源受林则徐之托，在《四洲志》的基础上于1842年完成了《海国图志》这部惊世骇俗之作，提出了"师夷长技以制夷"的思想主张以及倡导学习西方科学技术与文化，对后来的洋务运动起到了重要的推动作用。在镇压太平天国运动中，1860年12月曾国藩上奏提出借助外国力量剿灭捻军时也提到学习外国技艺对大清国的重要意义。两次鸦片战争失败后缔结的不平等条约使得中国被迫开放了多个通商口岸城市，清政府和西方各国的外事交往也日渐频繁。在政治、外交及外贸的影响下，社会对外语人才，特别是懂英语的人才需求日益凸显。1861年冯桂芬在其《校邠庐抗议》中指出第一次鸦片战争后"通市二十年来，彼酋之习我语言文字者甚多，尤者能读我经史，于我朝章、吏治、舆地、民情，类能言之；而我都护以下之于彼国则懵然无知，相形之下，能无愧乎？"面对这种形势，清除语言障碍成为引入西方文明与先进科学技术的必然选择。尽管欧美传教士创办的教会学校已经开始着力培养懂英语和西学的新式人才，但毕竟规模小、数量少。教会办学的宗教性与封建统治的传统根基格格不入。清政府只有依靠自己的力量来培养所需人才，而传统科举制度下的教育内容与人才培养目标及当时社会发展完全脱节。正是在多种社会因素的合力下，无论是解决清政府外语、外交人才的严重缺乏还是亟待学习西方的先进文化与科学技术，近代中国的社会转型最终落到了改革教育层面。因此，兴办近代学校成为洋务运动的重要内容。京师同文馆作为洋务运动第一个创办的新式学校便是以英语教育为先导。由于认识到西洋军事力量的威力，洋务派的大臣纷纷请奏开办近代军工企业。为了解决专业技术人才的问题，还相继开办了一批军事技术学堂。于是，以英语为主的外语教育在稍早创办的以"同文三馆"为标志的外语学堂以及军事技术学堂全面铺展开来，成为近代新式学堂的重要教学科目。

从英语成为新的教学内容进入近代中国教学机构的历史语境与过程来看，它并不是清政府主动放下高傲姿态放眼看世界的民族意识觉醒，也不是在平等互利基础之上开展与西方各国友好往来的有益举措，而是在见识到西方文明的进步和先进之后，企图通过学习对方的科学技术来改变被动挨打局面的自救行动。可见，晚清英语学科教育的出发点或起始点都是以维护清王朝的封建统治为目的。而"中学为体，西学为用"思想的提出正好与清政府既要向西方学习又要维持自身统治地位的需求相契合，从而成为洋务运动的指导思想。因此，作为洋务运动滥觞的外语教育亦是在"中体西用"的指导思想下展开，并且特别强调坚守"以中国之伦常名为原本"。从京师同文馆的设立开始，尽管包括外语、算学在内等新科目的加入改变了封建教育以传统经典为主的格局，但洋务派创办的各类新式学堂仍然采取了"科举取士"的办学途径，将外语教育与科举制度融合在一起以体现其"中体"的根本。

恭亲王奕䜣等人在1861年1月上呈的《统筹洋务全局酌拟章程六条折》中奏请仿照俄罗斯馆设立京师同文馆时提到：

> 闻广东、上海商人，有专习英、法、美三国文字语言之人，请饬各省督抚挑选诚实可靠者，每省各派二人，共派四人，携带各国书籍来京，并于八旗中挑选天资聪慧，年在十三四以下者各四五人，俾资学习。其派来之人，仿照俄罗斯馆教习之例，厚其薪水，两年后分别勤惰，其有成效者，给以奖叙。

从该材料可以发现，京师同文馆的设立依然仿照俄罗斯馆旧制，即从八旗子弟当中进行学员选拔，学员待遇较为优越。对于学员的任用通过"限年严试"根据成绩给予相应奖励。之所以从八旗子弟中挑选学员显然是清政府希望从其信任的特权阶层中选拔人才为其所用。虽然被挑选的学员需要"天资聪慧"，但由于缺乏评判的客观标准，这一条件的设置自然形同虚设。根据后来所招学员的实际情况，应该说除了阶层身份，京师同文馆的入学门槛并不高。在成立广州同文馆时，除了是八旗子弟出身，进入文馆学习的学员还需要官绅的保举证明其身份清白。这一条款足以说明清政府对西语学习还是处于一种防范的状态，但又不得不成立同文馆进行外语教学，所以才提出了这一要求。与京师同文馆与广州同文馆不同的是，上海广方言馆则没有对招收学员的身份进行限制，也未对八旗子弟提供特别优待措施，它的学员多是本地或江浙一带读书人家的孩子，进入同文馆学习也并不是为了其优厚的膏火待遇，而是掌握外语以谋求一份好职业。从后来的教学效果来看，在同文三馆中出类拔萃的学员以来自上海广方言馆的居多。

从以"同文三馆"为代表的外语学堂到军事技术学堂，对于按照章程规定完成学业的学员均依据其学业表现给奖。

尽管近代中国的新式学堂与封建传统教育有了很大的区别，但其对学员的给奖制度仍然绕不开封建传统的官吏选拔制度。安排这些接受近代西语、西学教育的学员在朝廷任职，给予相应的官职，其目的是为清廷的统治阶级注入新鲜血液、提高执政水平与能力，有利于解决清政府的内忧外患。这也是洋务运动为了不与以科举为核心的旧教育体制对抗，在"中学为体"的指导思想下将突出西语、西学教育的新式学堂与封建旧体制相结合的重要举措。

洋务学堂与传统官学、书院的最大不同当然是教学内容。从1862年京师同文馆首开英文馆招生10名学员开始，到1867年加入天文算学馆，基本上奠定了洋务学堂以"西语"加"西学"为主要教学内容的格局。后来创建的军事技术学堂在课程设置上也基本上遵循了这一模式。需要指出的是，"中学"课程在洋务学堂中仍然位于"主"或"本"的地位。比如京师同文馆"向来初学者每日专以半日用功于汉文，夕其稍进者亦皆随时练习作文""至汉文经学，原当始终不已，故于课程并未另列""每周礼拜日，加添汉文功课，试以论策"。不仅如此，汉文经学还要贯穿学制的整个过程。

福州船政学堂要求学员"每日课常外，令读《圣谕广训》、孝经、兼习策论，以明义理"，体现了其创办人沈葆桢"以中国之心思通外国之技巧"的办学理念。江南水师学堂办学章程规定："设汉文教习六员，驾驶管轮学生分时讲授《春秋左传》《战国策》《孙吴兵法》《读史兵略》诸书，并有经济之文以扩知识，定期由教习命题作论呈送改阅。"无独有偶，《江南陆师学堂招募章程》也有类似规定："学堂设汉文教习四员，照排定功课单，按时教授经史，以及《春秋》《左传》《战国策》《武经》诸书，并有益经济之文，以扩知识定期教习，命题作论，呈送改阅。"此外，广东水陆师学堂的"堂中课程限定每日清晨先读四书五经数刻，以端其本；每逢洋教习歇课之日，即令讲习书史，试以策论，俾其通知中国史事、兵事，以适于用。"北洋武备学堂则"每日由汉教习摘录经史一则，书于黑板，令诸生照录，讲解透澈，感发忠义之心。第七日午前，即将前六日内所讲经史，与洋教习所授功课，温习一番。"台湾西学馆也是"于西学余闲，兼课中国经史文字，既使内外通贯，亦以娴其礼法，不致尽蹈外洋习气，致堕偏波。日以已、午、未、申四时专心西学，早晚则由汉教习督课国文，遇西国星期，课试论策。"

由此可见，洋务派虽然认识到了学习外国语言文字及西方先进科学技术的重要性，在创办的各类洋务学堂设置了大量西语与西学课程以为其用，但他们并不反对封建传统教育培养懂得忠孝节义人才的课程目标，甚至是秉持坚决支持的态度。因此，洋务学堂的课程设置体现了以"中学"为正本的基本特点。随着中国社会的近代化进程，清政府在新政时期继续施行教育上的改革，先后颁布了壬寅学制和癸卯学制，成为中国教育体制发展的拐点。特别是在壬寅学制中，外语科每周9节，而读经科每周只有3节，课程比重分别为24%和8%。虽然该学制并未实行，在随后颁布的癸卯学制中，外语科和读经科的课时及比重及时进行了调整，"中学"仍列于课程之首。但这一政策的调整已经充分说明以西语、西学课程对传统儒学课程构成了重大冲击，"中学"课程已经显示式微之势。

(二) 对"西语"与"西学"课程关系的认识

清政府通过在两次鸦片战争中的失利以及在镇压太平天国运动中使用洋枪洋炮的切身体验产生了必须学习西方先进的"器物"才能"救国保种"的思想认识。在这种思想意识的支配下，经历了由于语言不通造成隔阂及被动局面后，清政府将学习西方先进科学技术的焦点也落实到外国语言的学习上。第一所外语学堂京师同文馆的创立改变了近代中国教育发展的方向。但从最初单一的语言教学到后来语言与专业相结合的综合性教学，晚清新式学堂对"西语"与"西学"课程关系的认识也经历了一个变化的过程。

奕䜣等人1861年在上奏开设京师同文馆时就提到"俟八旗学习之人，于文字言语悉能通晓，即行停止"。可见，以英文馆为开端的京师同文馆最初就是一个纯粹的外语教学机构，以培养外交和翻译人才为目的。除了解决清政府紧迫的外交之困，洋务派还将通过学习西语翻译西书作为自强事业发展的重要途径。奕䜣认为"窥其长短以收知彼知此之效。并以中国自造轮船、枪炮等件，无从入手，若得读书之人旁通其书籍、文字，用心研究，译出精要之语，将来即可自相授受，并非终用洋人"。这种认识与曾国藩的"中国学外国之技，则须以翻译为第一要义"一脉相承。可见，聘请洋人教习西语、翻译近代西方科学书籍体现了洋务大臣重视翻译在引进西学过程中所发挥的重要作用。所以，京师同文馆等新式学堂除了语言教学，还非常注重翻译西书的工作。1864 年丁韪良翻译惠顿所著的《万国公法》由同文馆出版。该书"第一卷译义明源。第二卷论诸国自然之权。第三卷论平时往来。第四卷论交战"，是我国历史上引进的第一部国际法专著。在曾国藩、李鸿章等人"习翻译为制造之根本"思想的影响下，中国第一个军工企业江南制造总局于 1867 年又附设翻译馆，"订请英国伟烈亚力、美国傅兰雅、玛高温三名专译有律制造之书，详细翻译"。虽然学习西语、翻译西书的目的是引进西学，但是早期的新式学堂除了外语并未设置西学课程，即并未采取正规教学的形式来引进西学。这一情况到京师同文馆天文算学馆的增设才发生改变。

随着洋务运动的不断推进和深入，洋务派意识到只靠学习西语或仅仅依靠翻译西书来学习西方先进的科学技术还远远不够。1866 年 12 月奕䜣等人上呈奏折提出："因思洋人制造机器、火器等件，以及行船、行军，无一不自天文、算学中来。现在上海浙江等处，讲求轮船各项，若不从根本上用着实功夫，即学习皮毛，仍无裨于实用。"鉴于此，总理衙门欲意在同文馆除了英、法、俄三馆之外开设天文算学馆。由于天文算学馆在招收对象和教学内容上与早期同文馆的单一的外语教学发生了根本性的转变，以倭仁为代表的顽固派认为此举从根本上动摇了中国几千年来的封建传统，违背了"中学为体，西学为用"的方针。通过长达半年多的争论，在怎样维持和发展中国的问题上，洋务派最终获得了胜利。尽管这次论战也产生了不少负面影响，导致报考天文算学馆的科甲人士寥寥无几，对洋务派真正实现其构想的效果大打折扣。然而，自从这个难关打破以后，同文馆的课程，大加扩充，进行极为顺利，许多自然科学，都逐渐介绍进来。所以算学馆的成立，可以说是中国的学生正式接受西洋近代自然科学的起始。同文馆于是由一个翻译学校，变为一个实用科学的学校了。从 1872 年公布的八年制课程表可以发现，京师同文馆从第三年开始增设诸如化学、格物、机器、天文等大量的西学课程，体现了"由洋文而及诸学"的课程设置理念。此外，同文馆还对"西语"与"西学"课程的授课要求进行了规定。可见，同文馆的西语学习先于西学课程的学习，只有洋文达到规定水平与要求才能进入西学课程的学习，同时给予提高膏火银的奖励。对那些不兼习西学课程的学员则取消增添膏火银的给奖政策，以确保学员能够学习西学课程。由于清政府自身缺乏西学人才，同文馆西学课程的教员也基本上都是外籍人士充任。不可否认，同文馆聘用了像丁韪良这样懂汉语的"中国通"，但多数洋教习是不懂汉语的。对于馆内开设的西学课程，只能使用英语授课。因此，使用西语教授西学课程成为京师同文馆外语教育的一大特色，也开创了近代新式官办学堂将"西语"与"西学"课程相融合的教学模式。京师同文馆添设天文算学馆之后的各类军事技术学堂，如福州船政学堂、天津水师学堂等，绝大部分将英语作为主要外语或是第一外语，而其他课程也是用英语进行教学，沿袭了将外语学习与科学技术课程相结合的特点。

(三) 对英语学习及教学规律的初步探索

英语作为一门外语学科，其课程教学必须遵循一定的学习及教学规律，才能达到较好的教学效果。近代中国的英语教育是以京师同文馆为起点，但由于缺少历史经验与借鉴，清政府的统治阶层只能根据当时的客观情况做出相应的决策。在教学实践中，政策的制定者通过发现问题，对英语教育政策做出不断的调整。这些政策作为其探索符合语言学习与教学规律的成果，主要体现在以下几个方面：

一是对于英语学习者起始年龄的认识。近代中国开始实施外语教育之初，政策制定者首先要考虑招收对象的年龄问题，即什么时候开始外语学习最合适，或什么时候开始学习能够达到外语学习的最佳效果。由于当时国内的外语教育才刚起步，有关外国语言学及语言教育的理论研究基本是一片空白。因此，政策的制定没有任何理论依据可以参考，只能凭借办学者有限的知识及感性理解做出规定，于是有了奕䜣等人在提请开设同文馆的奏折中"挑选天资聪慧，年在十三四以下者"的建议。总体上说，这些学堂对招收对象基本上都是在十几岁到30岁以下年龄阶段的青少年或成年人。特别是像京师同文馆、上海广方言馆、福州船政学堂、天津水师学堂等教育机构对招收的学员年龄均控制在十几岁以下。对于这种外语教学年龄起点的设置是否合理，笔者试图利用当代的科学理论稍加分析。

美国的神经语言学家洛菲尔德（Lenneberg, E.H.）于1967年首次提出语言习得关键期假说（Critical Period Hypothesis），即由于大脑语言功能偏侧化的完成会导致自然语言习得所需要的大脑可塑性丧失，通过直接接触的方式进行自然语言习得只能发生在语言习得的关键期，大约在 2 岁至青春期。这一针对母语习得提出来的假说后来被引入二语习得和外语学习的研究领域。国内外学者如拉森·弗里曼（Larsen-Freeman D.）、朗（Long, M.H.）、埃利斯（Ellis R.）、刘润清、束定芳等人都作过年龄与二语或外语学习之间关系以及年龄在语言学习中作用的相关研究。综合他们的研究结果可以得出以下的结论：外语学习的年龄并非越早越好，但儿童在语音的准确性和地道程度上表现确实更为出色；青少年相对于儿童和成年人在学习速度上有优势；在适当的条件下，青少年和成年人的外语学习效果能够在很多方面与儿童同样表现理想。根据这一结论反观晚清英语教育起始年龄的设定应该是比较科学、合理的，特别是有些学堂如自强学堂从要求入学者年龄在 15 岁以上 24 岁以下，到将年龄上限改为 18 岁以下，说明了办学者逐步认识到外语学习者最佳年龄的问题并及时进行调整，制定出更加符合外语学习规律的政策。

二是重视汉语在英语教学中的作用。以京师同文馆设立为肇端的近代新式教育一直在"中体西用"的指导思想下开展教学实践。在实施英语教育的各类新式学堂中设置"中学"课程内容是保证其"中体"的必然举措。但不可否认的是，随着英语教育范围的推广，办学者对汉文在英语教学中的作用产生了新的认识。

正是意识到学员的汉语是否通顺或文义贯通会直接影响翻译水平及洋文的学习效果，这些学堂采取了相关举措：其一是在招收学员考察其汉语水平。京师同文馆在增设天文算学馆时就汲取早期入馆学员由于汉文基础薄弱而"速效难期"的经验教训，改为招收"汉文业已通顺"的学员。湖北自强学堂在招考章程中直接要求学员必须有"华文根底"，只有通过汉语考试才能获得入学面试资格；其二是通过增加汉语的学习时间以及奖赏制度对学员进行督促。《同文馆章程及续增条规》要求"各学生除午节、秋节、年节放学时免其画到外，其每年夏月洋教习息伏期内，以及每月外国礼拜洋教习不到馆之日，除准两日假期外，各学生均令在馆学习汉文，照常画到，违者按日罚扣膏火，无膏火学生照迟到馆办法"，又"每月月底将各学生汉文功课，由汉教习呈由帮提调察核，倘有学生不往学汉文者，即由帮提调将该学生惩办"。同时，夏季增汉文课并每月发放花红银八两。湖北自强学堂对于那些招入学堂年纪较小且汉语基础较薄弱者，则在学堂设立汉语教习，在学习外国语的闲暇之余，向其教授汉语。

三是"由外到内"的师资培养模式。教师是教学活动的直接组织者和参与者，对教学质量及学习效果产生至关重要的影响。洋务派在有意启动近代英语教育之际曾提出从广东、上海两地挑选诚实可靠、通晓英文的商人到即将成立的京师同文馆教授英文。在面临粤沪两地无人可派的窘境下，教员不得不从来华的外国人中进行挑选。考虑到学员没有任何英文基础，同文馆对聘用的英文教习除了洋文洋学外还提出了必须谙熟中国语言的要求。在英国驻华公使参赞威妥玛的推荐下，京师同文馆迎来了第一位英语教习包尔腾。为了考察这位洋教习的教学情况，同文馆采取了"试用期"政策，即"现在英国包尔腾，据威妥玛声称，本系在外教徒，尚有余资，若充中国教习，系属试办，本年抵给银三百两，即可敷用。至明年如教有成效，须岁给银千两内外，方可令其专心课徒，俾无内顾之忧"。试用期的目的在于一是考核包尔腾的授课水平和能力，二是监督其是否遵循了不准在课堂上传教以维护中华文化正统的原则。

至包尔腾之后，同文馆的教习主要以延聘洋人为主，只有少数汉人教习负责汉文或算学的教授。虽然聘用洋教习并非奕䜣等人的初衷，而是在近代中国刚刚打开国门厉行向西方学习之际难以找到合格的汉人充任英语教习的无奈之举，但客观地说，这一举措恰是符合了外语教学规律。更为重要的是，此举起到了一定的示范作用。京师同文馆之后创办的各类学堂在师资的聘用上纷纷效仿。无论是外语学堂还是军事技术学堂，聘请洋教习成为英语与其他学科教育的一大特色。值得注意的是，除了聘用洋教习外，新式学堂的办学者也在积极培育、储备本土的英文教员。从《京同文馆学友会第一次报告书》三馆馆员录的记载来看，上海广方言馆的历任英文教员有洋教习和汉人教学共有9名，除了傅兰雅和林乐知两位英美藉人士外，其余的均为汉人教员，包括严良勋、汪凤藻、朱格仁、凤仪、舒高第等人，他们当中不少是曾经以"保送"的形式被推选到京师同文馆学习的优等生。随着英语教育在中国的展开，可以选用本土教习教授英文的条件日益成熟。福州船政学堂早期的教员也基本上都是洋人，但1874年之后，该学堂的优秀毕业生和具有派遣出国经历的留学生逐步被委任到洋文以及制造、轮船等专业课程的教学岗位，改变了原有师资队伍的结构。

像詹天佑、严复等人不仅通晓外文，而且深谙西方近代科学。这类贯通中西的近代化人才加入中国外语教育的师资队伍必然会产生积极的影响。1896年，张之洞等人在创办湖北自强学堂时也提出因"英文法文各省传习较久，目下四学始基，即派华员为教习"。可见，自强学堂在教习的选任上采取了本土教习优先的原则。

(四) 以英语为主的外语教育普及与制度化

晚清时期英语教育在各类新式学堂广泛开展的同时，也开始了近代中国英语教育制度化的探索。1902~1903年颁布的壬寅·癸卯学制可以算作这一尝试的肇端。壬寅学制虽未施行，但从这部学制开始，"外国语"就已经正式被列为中学堂的教学科目，周时数达到了9学时，而代表汉语的"词章"科目每周只有3学时。翌年公布的癸卯学制碍于保持中学的主体地位而将这两科的课时比进行了调整，但外语科每周依然有8学时，其余钟点除经学外为最多。如果说从洋务运动开始的英语教育是为清政府培养翻译人才以维护其统治地位的有效对策，那《奏定学堂章程》的颁布与实施则以国家行政法令的形式规定了外语在近代教育体系的合法地位，也预示着它将在中国的教育体系长期存在下去。癸卯学制在总结前期英语教育实践的基础上，对国民教育每个阶段的外语教育进行了规定："初等高等小学堂，均应一体遵办，均不编洋文功课，惟高等小学堂如设在通商口岸附近之处，或学生中亦有资敏家寒，将来意在改习农工商实业，不拟入中学堂以上各学堂者，其人系为急于谋生起见，在高等小学时自可于学堂课程时刻之外兼教洋文，应就各处地方情形斟酌办理""中学堂以上各学堂，必全勤习洋文，而大学堂经学、理学、中国文学、史学各科，尤必深通洋文而后其用乃为最大"。

虽然初等小学堂不允许习洋文，但在通商口岸附近地方的高小可以开设外语科。也就是说，外语教育事实上是贯穿于初等、中等及高等三个教育阶段的全程。

从整体情况来看，国民接触外语学科教育还是始于中学阶段。根据《奏定小学堂章程》规定初等小学的入学年龄为7岁，在分别历时初小五年和高小和四年之后，进入中学堂的年龄应该是15岁以上。可见，癸卯学制将外语学习起始年龄的设置为15岁以上，一方面是对前期各类新式学堂外语学习年龄有关政策的大致继承，另一方面也改变了以前各个学堂各自为政情形实现了要求的统一。对于允许部分高小设置外语课程，其实是变向地将接受外语教育的年龄提前到了12岁。以今天外语习得的理论视角来看，从12岁开始进行外语学习应该是一个科学、合理的安排。只是政策的制定者并没有意识到这一点。

新学制颁布之时，外语教育已经在中国持续了近半个世纪。社会对于西语、西学鄙视的态度已经发生了很大的转变。在此历史背景下，清政府不仅将"外国语"纳入国民教育体系，而且将其置于相当高的地位，体现了决策者意图通过外语教育的合法化与制度化普及外语教育，进一步发挥它在引入西学方面的作用。只是突然在全国范围内开设英语课程，考虑当时的教育、经济基础以及师资储备是有较大难度的。虽然各地学校对英语课程的开设颇为积极，但正如1905年的《停科举推广学校折》所言："各省学堂之不多，患不在无款无地，而在无师。"即便各省会多设师范学堂和传习所以解决师资不足的问题，但开设英语较为普遍的学校还是集中在上海、广东、江浙和两湖地区的城镇学堂。

二、民国初中期英语教育政策的分析

辛亥革命推翻了清王朝的封建统治，使得中国英语教育正式脱离了旧式教育体系。中华民国政府成立后亦对国民教育进行了一系列的改革，不仅巩固了英语教育在国民教育体系中的重要位置，也推动了各级各类学校英语教育的发展。

(一)国民英语教育规范化与制度化的不断调整

民国新政府成立后立刻着手进行教育改革，1912年初教育部颁布了《普通教育暂行办法》和《普通教育暂行课程标准》，特别是后者成为近代中国教育发展史上的第一个"课程标准"。根据课程标准的规定，高等小学可以视地方情形在三、四年级可加设外国语，每周4学时。中学校外国语四年每周6学时，三、四学年7学时，总课时数量超过一、二学年每周8学时，三、四学年每周5学时的语文，课时量稳居所有课程的榜首。1912年12月颁发的《中学校令施行规则》明确外国语以英语为主，地方特别情形法、德、俄语一种，同时制定了中学阶段外国语教学目标：外国语旨在通解外国普通语言文字，具运用之能力，并增进知识。外国语首宜授以发音拼字，兼及简易文章之读法、书法、译解、默写，进授普通文章及文法要略、会话、作文。1913年的《中学校课程标准》对英语学科的教学内容也进行了规定与说明，前文已有过讨论。从教学目标与课程内容来看，壬子·癸丑学制强调了在英语教学中重视发音与会话的原则，开始注重学生语言交际运用能力的培养。只是在教学实践中，以语法翻译法为主的教学方法仍旧侧重对学生阅读与翻译能力的培养，对学生口语交际能力的重视远远不够。另外，英语课时量过多导致了忽略汉语学习的倾向。

1922年颁布的《学校系统改革令》模仿美国教育体制，将原来初中、高中的"四二学制"改为"三三学制"，拉开了新学制改革的帷幕。在中学阶段的英语教育方面，1923年公布了《新学制课程纲要初级中学外国语课程纲要（暂以英文为例）》《新学制课程纲要高级中学公共必修的外国语课程纲要》，作为指导初、高中英语教学的纲领性文件。到抗日战争全面爆发前，教育部又于1929年、1932年和1936年先后三次发布了新的课程纲要或标准。特别是1929年教育部颁布的《小学课程暂行规定》中针对已经将英语作为选修课开设的学校，制订了毕业时应达到的标准，成为我国第一个小学英语课程标准。课程标准的频频更替虽然严格执行起来有较大难度，但也说明了我国英语教育对规范化与制度化的探索日益深入。由于受美国教育模式的影响，新学制在英语教学上引入在国外十分流行的直接法，这些先进的教学方法直接体现在课程标准的制订中。如1923年的初中课程纲要国语在"内容和方法"部分提出"多用直接会话，减少翻译"，"在学生已经学习的范围内鼓励学生自由应用"；1929年的初中课程标准的"教法要点"中第二条明确了"第一年特别注重听和说……第二年听说看并重，使能在各方面平均发展。第三年特别注重看……"，第九条则要求"尽量用英语，少用国语，使能多得练习的机会，并且能学到比较纯粹的英语"。这一时期英语教育政策与之前相比在教学内容与方法上做出了更为详实、具体的规定。

随着英语学科地位在中国的正式确立，与英语学科教育的相关研究、试验以及调查也相继开展起来。针对当时英语学科投入时间多，效果差的情况，不少教育界人士提出要调整外语学科在国民教育体系的位置，要改进教学方法、培养合格师资。根据这些研究结果或调查数据，政策制定者对英语教育政策也做出相关调整。教育部在1928年颁布的《小学暂行条例》中规定的小学教授

中国近代英语教学与传播研究

科目中外国语并不在其列，只属于在高小阶段可以酌情添设的选修课。针对中学入学考试兼考英语的普遍现象，教育部也下令"各级中学入学试验，自应免除外国语"。 1929年颁布的《中学课程暂行标准》缩减了初中阶段的英语课时，使其退居国文科之下。1930年6月又下令"各地初级中学，除外国语学科采用原本外，自应一律采用本国文教科书，不得再用外国原本"。应该说，这一时期英语教育政策的调整开始更多地参考研究成果及专家、学者的建议，体现了政策制定程序更加合理、科学。

(二) 对英语学科核心价值认识的深入

京师同文馆最初的办学目的是为清政府培养外交、翻译人才。恭亲王奕䜣奏请设立同文馆时甚至还提到了"于文字言语悉能通晓，即行停止"。可见，刚刚起步的近代中国的英语教育不仅没有长期的打算与规划，甚至认为如果培养的人才达到能够应付外交的需求，便可终止办学。不久，统治阶级便意识到英语除了用来直接与西方交流外，更是学习西方先进科学文化知识的工具。因此一直到英语在清末学制正式进入国民教育体系，这门学科教育的核心仅仅是围绕这门外语的工具价值，而非它的普世价值。

由英语助力的近代中国新式教育在经过几十年的积累后到了民国时期有了相当程度的发展。从国外引入的先进教育理论和思潮与国内的英语教育实践相互碰撞，使得英语教育除了语言本身还开始关注语言以外的社会及情感因素，学科教育的价值被进一步发掘。壬戌学制对中学外国语课程的教学内容中除了发音、拼字、读法、译解、会话、文法、作文等传统项目，在第四年还增加了文学要略。这一变化说明政策的制定者认识到英语教育在培养人文素养方面的作用，使得英语教学内容实现了由"语"及"文"的转变。新学制高中阶段的课程纲也将"养成学生欣赏优美文学之兴趣"也定为教学目标之一。1929年之后的英语课程标在教学目标中又添入了"使学生略见近代英文文学作品的一斑""使学生从英语方面发展他们的语言经验""使学生从英语方面加增他们研究外国文化的兴趣"的内容。确实，近代中国因为深受西方文化影响而发生文化上的剧变，在新民族文化创造的过程中，尤其应注重外国文化的特质及其与本国文化之比较，这也是英语教学在沟通文化方面所担负的使命。另外，英语学习与我国本土语言来说，又有什么样的价值，将英汉两种语言进行比较，对英

· 90 ·

文的构造及其所反映的思想方式深化进一步的认识，或由外语之研究而增进运用本国语言的能力，也是英语教学不容忽视的。因此，对英语教学目标的调整恰是体现了政策制定者对英语学科核心价值认识的逐步深入。

第二节　英语学科教育的基本范式

在特定的历史时期，教育工作者在从事教育教学活动时都会受到某种教育思想的影响，去遵循相应的思维方式和教学模式，也会学习或借鉴成功的案例或典范。这些思想、模式、范例、经验等组合起来就构成了一种特定的教育范式。简单地说，教育范式就是在回答为什么教、教什么、怎样教、教得如何这四个问题时所持的基本态度和普遍采用的方法。因此，本节将会从由其衍生出的教育目标、教材使用、教育研究与教学评价对近代中国英语教育的基本范式进行评析。

一、教育目标

教育目标广义地说是人们或社会对受教育者的期望和要求，它既是教育工作的出发点，又是评价教育效果的标准和依据。因为它对教育工作具有重要的导向性作用，因此教育目标的制定是否科学合理很大程度上会决定教育工作的成败。近代中国的英语教育经历了几个不同的阶段，其教育目标也呈现出阶段性的特征。从晚清京师同文馆拉开英语教育的帷幕到民国初中期英语学科在国民教育体系中地位的巩固与稳定，英语教育目标也发生了一系列的变化和重大的转向。毋庸置疑，洋务运动时期的英语教育是以培养翻译、外交以及军事技术人才为目标，以挽救清政府岌岌可危的封建统治。自壬寅·癸卯学制正式将英语纳入国民教育体系以后，在各类基础英语教育政策文件当中便有了对英语教育目标的明确表述。

随着中国社会近代化转型的推进与英语教学实践的开展，英语教育目标指向发生一系列的变化：一是对目标的描述逐步具体。从《钦定学堂章程》的只字未提到《奏定中学堂章程》的一句话描述，再到民国之后的各级文件开始分条陈述以及后来条目的补充，反映了政策制定者对英语教育目标的认识从最初的笼统、模糊，到经过探索逐步清晰、深刻的过程。比如1912年的《中学校令施行规则》只规定"外国语要旨在通解外国普通语言文字，具运用之能力"，但1923年的《新学制课程纲要初级中学外国语课程纲要（暂以英文为例）》则将掌握语言知识和运用语言的能力延展为"使学生能阅浅易的英文书报，能用英语作浅近的书札及短文及能操日用的英语"。之后的课程标准也是具体的分条叙述，但内容变化不大。二是目标层级更丰富。较早的英语教育目标只关注语言层面，1929年初中和高中课程标准分别提到了"使学生从英语方面加增他们研究外国事物的兴趣"和"使学生从英语方面加增他们研究外国文化的兴趣"，可见政策的制定者已经开始意识到外语教育不仅是学习语言知识与运用技能，还涉及情感态度和社会文化。三是目标性质开始触及人文性。近代中国的英语教育受经世致用思想的影响外，施行外语教育的主要目标就是使学生能够读懂外语、听懂外语还有说外语。因此，英语教育目标也一直在强调语言的工具属性。但是民国中期以后，教育者开始关注英语文学、英语国家文化和社会，并在教育政策中有所体现，说明了英语教育目标的性质开始由单一的工具性转向工具性与人文性兼具。基础教育阶段的英语教育目标之所以发生变化，除了受社会政治、经济发展等因素的影响外，也是学科自身发展的一种需要，是学科内部不断自我调整的过程。教育目标逐步多维度及多元化恰是体现了近代中国英语学科的科学发展。

以京师同文馆为代表的新式学堂虽然不是真正意义上高等教育的肇端，但是这些学堂已经具备了高等教育的雏形。因此，培养翻译人才以及藉英语引进西学毋庸置疑是近代中国英语学科教育滥觞时期的主要目标。在经历数次学制变革，国民教育体系日趋建成的过程中，高等教育成为其中一个独立并且代表最高学术水平的教育阶段。对于英语学科教育目标，国家并没有制定统一标准，基本上由各个学校结合其教学特色自行设定。

通过比较可以发现，中央大学和清华大学的外语学科教育对外国文学及西方思想文明方面都非常注重。中央大学提出了"培养为中国民族宣达意志之人才"，说明该校已经意识到外语教育在传播中华民族文化应起之作用，而清华大学在外语教育目标中融入"创造今日之中国文学"，体现了该校外文系认识到中国文学与西洋文学之间的密切关系，"以西洋文学为源泉为圭臬"，"创造中国之新闻学"。由此可见，各个大学依据自身的教学传统及特色，制定出有所区别的教学目标，既有英语学科共核的内涵，也包括了其各自对外语学科作用的独特理解与认识。这也是民国时期中国大学培养出众多优秀外语人才的重要原因。

二、教材使用

鸦片战争前后，外国来华传教士创办的教会学校开设英语课程成为近代中国英语教育的先声。在这些教会学校里，无论是英语学科还是其他学科采用的都是英语原版教材，其中英文教科书还有一部分是传教士自己编纂的，像马礼逊的《英国文语凡例传》是我国最早的一部英汉对译英语语法书。伟烈亚力在其论著《1867年以前来华基督教传教士列传及著作目录》中也列出了其他几部教科书的书目，有罗存德的《英话文法小引》、麦嘉湖的《英话正音》、卫三畏的《英华韵府历阶》等。

清政府的官办英语教育开始之前，通事口岸城市已经因为英语的重要性，特别是它的经济价值而掀起了一股学习英语的热潮。为了满足民众学习英语的需求，一些英语学习读物顺势而生。其中具代表性的当属唐廷枢的《英语集全》和冯泽夫的《英话注解》。但这两本读物分别是在粤方言和沪方言基础上编纂的非标准英语读物，在英语的传播和教育上所起的作用是极为有限的。

1862年京师同文馆开馆后，使用的也是英文原版教材。无论是从国外引进的原版教材，还是传教士编写的教科书，都是以英语为母语的人士编写而成，对于中国的英语学习者来说存在难度偏大影响学习效果的问题。于是，同文馆的外籍教习带领同文馆学生进行了教科书的编译和编写。1879年和1895年，京师同文馆分别出版了汪凤藻的《英文举隅》和张德彝的《英文话规》。这两本关于英语语法的教科书，对英语语法知识的教学和传播产生了重大的影响。商务印书馆于1897年成立后就立即着手英语教科书的编译工作。不久，《华英初阶》问世，成为该馆自编出版的第一本英语教科书。《华英初阶》本是英国人为其殖民地印度编写的小学英文教材。商务印书馆首先请中国牧师谢洪费将书本的内容翻译成中文，然后在原书的英文旁边配上中文注释，并对原文的内容与形式进行了适当的改编。应该说，这种考虑到教科书受众群体、采用中英文组合编排的方式是中国人自己研发教科书的尝试和探索。该书出版发行不久便受到热捧，在当时"初学英文者甚使之"。随后，商务印书馆顺势推出了《华英进阶》系列六本。

《申报》的一则《华英进阶》的重印广告称其是"书华英文字并列，句读明显、释解详尽、久已风行宇内。凡中外之书院学堂皆藉以教授生徒，均称受益。"可见该书的质量和受欢迎程度颇高。

癸卯学制正式将英语纳入国民教育体系，对于各级学堂使用的教科书没有统一指定，由各个学堂自行规定。但清政府已经开始注意学科教材的问题并提出了教材审核制度：

> 凡各科课本，须用官设编译局编撰，经学务大臣奏定之本。其有自编课本者，须呈经学务大臣审定，始准通用。官设编译局未经出书之前，准由教员赞着上列科目，择程度相当而语无流弊之书暂时应用，出书之后即行停止。

1905年底，清政府学部成立，设立了专门负责审定教科书的审定科。不久学部就颁发了初小、高小、中学以及中学堂初级师范学堂的暂用书目表。《帝国英文读本》是第一批国家审定作为中小学生英语入门的教科书。这套教材由伍光建编著，商务印书馆于1905年出版发行，在当时流传甚广。全书一共有6册，从字母发音和书写开始，难度逐渐加深，直到英国文学作品选读。《帝国英文读本》之所以能够广受欢迎，主要是因为该套教材的编写考虑到中国英语学习者的实际情况，符合儿童青少年认知发展规律，教育内容的呈现循序渐进，课文内容注重知识性与趣味性。正如该教材在其序中所言：

> 尽管有大量的读本在中国为英语教授所用，但是老师和学生都一致地认识到需要一套为中国学生所特别设计的读本。现在所呈现的这套读本就是试图满足这种需求。在这套读本准备的过程中，那些中国学生在学习英语过程中将会出现的困难都被考虑进去。该套读本努力

适合那些比英国在校学生学习英语要晚几年的中国学生开始学习英语时的心智发展。但是，该套读本也考虑了一般学生们所熟悉事物的描写，比如说动物等。与此同时，一些很可能会出现在比较成熟的中国学生脑海中的一些内容也被介绍进来，比如说社会和历史方面的故事，人物的描写，抽象的话题等。对于学习一门外语来说，使用该门外语的人所需了解的知识和指导这门语言如何使用的方法是最重要的，这些应该被学生们所掌握。希望该套读本不仅能使学生为日常使用而掌握充分的英语知识，并且使他们了解其社会生活和文学作品。

另外，从学部第一次审定的英语教科书目来看，出版发行单位都是商务印书馆。据统计，商务印书馆从成立到 1910 年间，共出版包括《帝国英文读本》《英文益智读本》《新世纪英文读本》等 16 本英文读本教材；《英文汉诂》《英华文通》《英文初范》等 18 本书法教材；《新法英文教程》《日用英语读本》《英语类选》等 8 本英文会话类教材。虽然也有文明书局出版的《汉译英文教科全书》、湖北中学教科书社出版的《正则英文教科书》等其他教科书，但总的来说还是商务印书馆一统天下的局面。需要指出的是，这一时期在日本使用的英文教科书开始引入国内，如《正则英文教科书》《英文捷径》《初、中、高等英文典》。到辛亥革命之前，近代中国已经开始广泛使用自编英文教材，教科书的编审制度也已经初步形成。由于这一时期英语教育受"经世致用"思想的影响，强调语言的工具性，以语言知识的学习和技能为主。因此，英文教科书的编写也突出地反映了这一特点，比如有关语法教科书的比重较大，教科书内容多数采取英汉对应的形式。

辛亥革命后，民国政府下令禁止使用清政府学部版行的英语教科书。另外，民国政府教育部颁布的新学制明确规定有条件的高等小学堂可以开设外语课。于是新教科书的编写和出版工作显得格外紧迫。中华书局和商务印书馆率先推出了《中华教科书》系列和《共和国教科书》系列。除了《中华教科书》系列，中华书局接着发行了《新制中华教科书》《新式教科书》等英文教科书系列。在民国初期出版的英语教科书中，周越然编纂的《英语模范读本》系列堪称"现象级"教科书。这套教材于 1918 年出版发行，上市不到两个月便售罄。在此后的二十多年时间里，经过几次修订，销售量达到百万册。这套教材内容题材丰富，涵盖了较为全面的英语知识，强调了英语学习应听说优先注重实用性，引入了国际音标，对教师的教学提供指导意见。这些显著的特点也成为《英语模范读本》大受欢迎以及被各个学校采用的重要原因。

从 1923 年颁布的新学制外国语课程纲要到 1929 年的暂行英语课程标准，基础教育阶段的英语学科地位得到进一步巩固，英语教育目标发生了转向，对英语学科的教育提出了更为明晰、具体的要求。南京国民政府成立后，至抗日战争全面爆发前，中国社会经历了一段相对比较稳定的发展时期，国家的经济、教育等方面得到了较好的发展。特别是当时的教育界积极引进世界先进的思想教育思潮与理论，对我国的教育包括英语教育施行改革。这些综合因素使得英语教科书市场较为繁荣，主要体现在英语教科书的出版机构出现多元化，除了传统的商务印书馆和中华书局，不少其他的出版社也加入到出版英语教科书的行列之中。因此这一时期的英语教科书种类繁多。为了确保教材质量，教科书的审定制度更为完备。尤其是南京国民政府在成立的短短几年先后颁布了《组织教科书审查会章程》《教科图书审查条例》《暂行教科图书审查办法》《教科图书审查规程》《国立编译馆组织条例》及其《办事细则》等规则制度对教科书制度进行规范与完善。

这一时期英语教科书数量大、种类多，特别是自编教材占据了很大的比重，逐步摆脱了对外来引进教材的依赖。尽管教育政策及学制变动频繁，但教科书市场通常能够迅速做出反应，紧跟教育宗旨与目标，推出反映当时社会思潮与先进教学理论的教材。这一点从市场上部分教科书的书名便可窥见一斑。文幼章的《直接法英语读本》、张士一的《初中直接法英语教科书》等以"直接法"冠名，显然是以听说先行，尽可能全部使用目标语进行外语教学为原则而编写的教科书。1929 年《中华民国教育宗旨及其实施方针》的颁布要求全面推行三民主义教育方针，于是以"三民主义"冠名的英语教科书很快出现在市场上，如李培恩的《三民主义英文读本》。作者本人不仅在教科书内容上安排了民族主义素材，还在该书的序言部分用英文向教师介绍了在外语教学中实施三民主义的可行性和重要性。20 世纪 20 年代以后，英语教科书的编写在内容取材上发生了新变化。之前教科书呈现的内容都是取材英美国家社会，西方文化气息浓厚。不可否认，学习外语了解西方社会也是外语教学的一大目标，但忽视外语学习的本土化也是一个值得关注的问题。李登辉（我国近代著名教育家，复旦大学老校长）的《文化英文读本》则在英语教科书中融入中国文化上作了更多的尝试。该套教材除了英美文化元素，其内容更多地面向中国学生较为熟悉的日常生活，兼顾中国文化素材，将学生的英语学习融入他们更为熟知的场景与文化之中，起到了提高英语学习的兴趣和动机的作用。

在种类繁多的民国英语教科书市场，最有影响力的代表作应属林语堂的《开明英文读本》系列教材。这套教材 1928 年开明书店推出首版，之后根据课程要求进行了多次改版。《开明英文读本》教科书编写新颖，注重口语交际能力的培养，主张使用直接法教授英语，即直接使用目的语进行外语教学，这一点突出地体现在整套教材除了每册书后的总词汇表与翻译练习，其他所有内容均使用英文。不仅如此，书中的注释、练习以及语法概要均也是使用英文编写。我国著名的语言学家陈原回忆其学英语的经历时有一段对该套教程的描述："我学过《开明英文读本》，也教过这部书——这部书的编者是林语堂。这课本的确给人带来了新鲜的气息……要问这部课本'突破'了什么？我想大约有两点：一点是内容多彩，不呆板；另一点是插图美，编排新，注音用宽式国际音标，使人不觉得要哭。应当说，这部课本的编辑是同传统的翻译教学法决裂的。"

三、教育研究

英语学科教育作为区别传统教育的主要内容以及在近代国民教育体系中的特殊位置，决定了它必然在教育界乃至整个社会受到广泛的关注。与英语教育相关的研究及讨论藉以近代教育期刊使该领域的研究动向和学术水平得以体现与推进。更为重要的是，这些研究与近代中国的英语教学及其改革活动不断产生互动，从而促进英语学科教育的发展。《教育杂志》和《中华教育界》因其刊发历史及社会影响力是商务印书馆和中华书局最具代表性的教育期刊，自然也记录并见证了近代中国英语教育发展历史轨迹与进程。本节将基于两份刊物探讨近代中国英语教育研究的特点以及近代教育期刊在中国英语学科发展中所起的作用。

(一) 近代英语学科教育研究的内容及特点

经笔者统计，刊发在《教育杂志》和《中华教育界》中与英语教育相关文章的主要内容涉及教育理论、教育政策、教学改革、专题研究、实证研究、教学法及教科书等多个方面。作者绝大多数是知名的学者、编辑或政府官员，如英语教育专家张士一、李儒勉，历任《教育杂志》主编赵廷为、黄觉民，时任教育部长王世杰等。具有深厚专业知识和较高社会威望的撰稿人，加之涉及面较广的研究领域，使得这些期刊文章的言论对英语教育政策的制定及英语教育的实践发挥了重要的作用。通过对两份刊物上的文章进行梳理和分析，近代中国英语教育研究的特点可以概述如下：

其一，近代中国英语教育的研究主要集中在中学这一办学层次，表现为直接法的推广和实证研究两个方面。

中学教育是国民教育体系的中坚力量，英语自清末新制以来就被列为中学教育的必修课程。小学只是在高小阶段才会开设英语课程，而中学毕业后继续接受高等教育的比例极低，所以中学是开展英语教育的主要阵地。从刊发文章的数量来看，中学英语教学是近代中国英语教育主要研究对象。教学法作为语言教学理论的直接反映，起到了指导并引领外语教学的发展这一核心作用。所以教学法从我国英语教学活动开始就成为近代英语教育研究的焦点。而教学法的研究首先就是引进和宣传西方外语教学法。周越然作为英语教学法中的直接法在中国的积极倡导者和推动者，他在《英语教学法——直接法》(《教育杂志》1924年第16卷第2期) 中分析了传统翻译教学法的缺陷，明确指出这种"先教字母，然后教附有中文译的单字、不相关联的单句、形式的文法，还有很少的几课的会话和作文"的教学法是不合理的，其结果只能是"文法上的 rules 背得烂熟，但不能应用，会话也只成为书本的"。而直接法"直接用外国语来教学，既不参与本国语的解释、也不杂以文法上的研究，只从观念 (Idea) 上、想象 (Imagination) 上、概念 (Concept) 上显明他的意思，使学生自己去辩解，和从前所用的翻译法比起来，少一番手续，而容易见效"。他还运用实例演示了如何使用直接教学法教授名词、动词、方位词。

20世纪20年代，受国外科学教育思潮的影响和留美学生的推动，我国引进西方教育实验理论，通过开展教学调查和实验来研究我国英语教育现状和探索英语教学规律。其中最具影响力的人士就是艾伟与张士一。1932年，两人受中华教育文化基金董事会的委托，合作进行中学英语教学之研究。艾伟参考美国中小学的阅读测试设计了不同级别的阅读测试量表，对我国初高中及大学一年级学生的英语阅读水平进行调查。《五年来英语测验之经过》(《教育杂志》1935年第25卷第2期) 以科学的数据反映出我国中学英语教学效果、各类学校以及不同地区英语教学差异等多方面的情况。他们为调查全国英语教学实况还设计了调查问卷和表格，内容涉及初高中英语科的教材、教法、教具、师资以及行政等多个方面。张士一将此次调查的一部分成果亦撰文《中学英语师资训练问题》发表在《教育杂志》1935年第25卷第8期上，对当时全国公立私立中学英语教员的学历背景、接受专业训练的等次、师资训练专业学程的内容，及其比重和意见作了科学、详实的分析。除了教学调查，近代中国的英语教育人士也热衷于通过教学实验的方式来验证和寻求有效的教学理论或教学法。中央大学实验中学于1927年下学期开始英语直接法试验，前后持续两年多的时间。该实验按照直接法的原则设计教学过程和步骤以及教学内容。实验结果表明学生在语音、词汇、句型、听力及阅读能力上的学习效果都很理想，这对当时直接法在我国的推广起到了积极的促进作用。美国的道尔顿制传到中国后，也在我国的英语学科进行了全新的尝试。东南大学附属中学和上海吴淞中国公学都进行了道尔顿制教学的实验。关于实验结果的报告《道尔顿制下的英文教学法》和《道尔顿制与英语教学》分别发布在《教务杂志》1923年第15卷第12期和《中华教育界》1925年第15卷第5期。前者实验得出的结论是初级外国语不太适宜道尔顿制，因为该制所强调的"个别自由发展"在根基没有打牢的情况下进行是不合适的；后者的结论是道尔顿制非常适宜外语学科的教学，但必须以教师理解道尔顿制真正的内涵和具备忍苦耐劳的品质为前提。这些通过不同实验获得的结论都为近代英语教育改革都提供了切实的科学依据。

其二，近代中国英语教育在引进和吸收外国先进教学理念和教学法的过程中兼容并蓄、融合创新。

外语教学是一种引进的产物，所以外语教学的开展主要依靠学习国外的教学法来实施。从清末同文馆的语法翻译法到民国直接法的盛行，不难发现外语教学受教学法左右，呈现出"一段时期内一种教学法唱主角，而另一段时期又被其他新兴的教学法替代的局面"。但毕竟这些外语教学法产生的土壤不在中国，它在国内本土的适用性受其社会环境、历史文化及学科发展的制约，所以这些舶来品来到近代中国极有可能出现"水土不服"的情况。一部分教育界人士逐渐意识到这个问题，开始在移植这些教学法的基础上进行本土化研究，企图探索出符合我国实际的教学法。张十一虽然在很多包括在《教育杂志》和《中华教育界》等重要期刊发表文章宣传和推广直接法，但他的教学思想并没有拘泥于这种单一的教学法。根据他的论述，好的教学方法要能吸收各家所长。通常那些某个时期独树一帜、称雄一时的教学法，只注重一个或几个原则，不免会顾此失彼。破除这种狭窄的范围，而从一切的外国语教学法里头，去找可用之点，采众法的长处，集众法的大成，才是真的好办法所必须的条件。这种"要博采众长"和"要富有弹性"的要求体现了在把握当时先进的直接法基本原则的前提下，需要充分考虑本土教学环境，与本土教学实际相结合的创新思维，为他后来结成本土化研究成果"情境教学理论"做了充分的积淀和准备。

另外，在探索道尔顿制是否适合我国英语学科的教学实验中，研究人员对道尔顿制中不合乎中国国情的环节进行变通。道尔顿制教学的基本要义就是促进学生自由发展，即让每个学生都应该以适合他自己的速度去取得学习进展。因为强调个体差异，所以班级集体授课的形式也被打破，几乎被废除。而英语学习的心理是需要反复进行听和说的练习，取消班级授课的形式大大减少了学生集中进行听说训练的时间，对于英语初学者产生较大影响。所以在实施道制实验教学时并没有废除班级，取而代之的是相应减少课堂集中授课学时。"作业指导"是道尔顿制的精华，在两个学校的实施中都得到了足够的重视，但是在指导形式上有所创新，既有分组指导也有个别指导。针对"功课指定"，两所学校根据语言学习应避免一曝十寒的弊病而将一个月的指导作业量改为一周。可见近代中国在外来教学理论和方法的使用上具有"移植、改造、融合、创新"的鲜明特征。

其三，近代中国对于英语教育的目标设定与学科定位的认识在探索中不断深化。无论是清末的培养外交、翻译人才，还是民国的掌握外语技能、学习西方先进科学技术与文化，近代中国英语的教育目标主要与语言的工具价值捆绑在一起。作为英语教育的导向及教学效果评价的重要标准，近代中国英语教育目标的内容也在学界的讨论声中逐步发生着变化。1929年教育部颁布的《中学英语暂行课程标准》中，初中阶段"使学生从英语方面加增其研究外国事物之兴趣"以及高中阶段"使学生从英语方面加增其研究外国文化之兴趣"的表述体现英语学科教育目标的人文属性。这种对英语学科教育只因受到当时社会环境及条件的限制，这种人文性在英语教育的实施中并未得到凸显。

自清政府颁布的《奏定学堂章程》把外国语科目正式纳入中等教育课程体系以后，尽管学制几经更迭，但外国语（英语）教学时数始终所占比重较大。上海、江苏、浙江等地的一些学校英语学科的实际教学时间比法令的规定更长。然而，大量时间和精力的投入却并没有带来预想的效果。中学毕业生之英语程度"大都是令人失望。能读英文报纸及浅近书籍、与外人交谈或用英文发表自己意见的恐怕十不得其一"。针对社会对英语教育的诟病，一方面，教育界积极探索这种"费时、低效"在教学层面的原因；另一方面，相关人士也开始重新审视英语这门学科的定位和价值。杨效春提出"现在的中学生在学校里耗大部分精力于学习英文了，到底他们学得几多呢？将来毕业后，应用的范围又怎样呢？"基于中学生升入大学的比例低、毕业后使用英语情境及地域的有限性，不少学者认为太重视英语教育是不是适宜的。从近代教育处理外国语教育与国文教育的关系上来看，沈步洲认为"国家置本有之文字于外人文字之下者，未之前闻"，"长是以往，英文将垄断前席国学之声威于以堕落，国人自爱之心随之俱减转肺肝而外向。曾不以忘本反常为识。人未亡我，我先自亡矣。"在近代英语教育中倾向强调目的语及其文化输入而忽略母语及其文化传播的背景下，这种论述无疑对抵制过分迷信西洋和鄙视本国的现象起到了积极作用。在实施英语教育的同时加强母语及母语文化教育对培养和提高学习者民族自豪感与当代所倡导的民族文化自信以及文化走出去的战略不谋而合。可见，近代中国英语教育目标的内容及学科定位的变化反映了对英语这门学科功能及作用认识的不断深化。

(二)《教育杂志》与《中华教育界》英语教育研究内容之比较

《教育杂志》与《中华教育界》被誉为近代中国教育领域的双子星期刊，虽然两种刊物的办刊思路和理念有所区别，栏目设置和数量也不尽相同，但它们的主要内容都包括新的教育理论和思潮、教育政策和法令，国内外重要教育新闻，教育领域各个层面的具体问题等，就其刊发文章的性质来说却是大致相当。为了办出刊物的各自特色，两种期刊在内容上各有侧重，有关近代中国英语教育的研究亦是如此。

1. 关注的主题

据笔者统计，《教育杂志》上刊发的英语教育研究文章相当一部分是国家相关法令的转载，如1910年第2卷第6期《学部奏实业教育宜择定外国语文并拟修改课程折》，1919年第11卷第3期的《教育部钞送中学校校长会议议决增进中学校国文数学外国语程度办法训令》，1922年第14卷号外的《新制中学的外国语——教授原理及课程细目》，1923年第15卷第4期的《新学制小学学程纲要草案——外国语科（以英语为例）课程纲要》，1923年第15卷第5期的《新学制初级中学课程纲要草案——外国语课程纲要（暂以英文为例）》，1923年第15卷第7期的《新学制高级中学必修科课程纲要草案——公共必修科外国语科学程纲要》，这些法令主要是国家教育部门颁布的各种教育行政命令；而《中华教育界》上刊发的法令内容不多，如1913年第3期的《外国语专门学校规程》，1913年第5期的《高等师范学校课程标准（中华民国元年四月七日教育部令第二十七号）—第三表—本科英语部》和1930年第18卷第10期的《中央训练总监部拟定各军事机关学校及部队励行外国语文教育办法》，以课程标准和学校规程为主。

《教育杂志》和《中华教育界》关注英语教育领域的差异还集中地反映在两本刊物的专号文章中。据统计，两种期刊在发行期间曾分别出版过40和38个专号，内容涉及近代中国教育的各个领域。其中，有关英语教育研究的文章主要体现在《教育杂志》1922年第14卷号外的"学制课程研究号"和《中华教育界》1925年第15卷第1、2期的"国家主义的教育研究号"。

1921年召开的全国教育联合会第七届年会通过了新的"学制系统草案"，为了响应大会广泛征求意见的要求，《教育杂志》在第二年专门出版了"学制课程研究号"讨论学制与课程问题。在有关英语学科程度与设置方面，因为新学制中学实行六年制，较旧制学习年限有所延长，虽然对算学、化学等实科中学课程应保持原有程度还是提高程度有不同的看法，但多数学者在英语作为研究专门学问之途，应提高其学科程度的观点上是一致的。针对新制之前的高小就开始教授英语，而新制小学缩一年，中学增两年，英语从中学第一年起授更为合理。大学预科设置第二外国语时，普通学生的外国语（一般为英语）仅习三年，程度尚浅，若同时并习两种外国语，转致一无所成。建议将高中阶段的第二外国语钟点加到第一外国语。在编制中学英语课程原则方面，要科学认识其学科迁移学力的价值。旧制因迷信"能力心理学"而有了"外国语的精准用法，能使人发生一种不得不注意的观念；充其量言之，实在可以锻炼人的意志，练习外国语的用法，便培植人的想象力"的认识，造成了不问是否能学，有无这种知识的需要，而花费了大量的时间在英语这一门学科上。此外，很多研究人士根据新学制草案提出了具体的中小学各级英语学科纲要，包括学年设置、教授内容、时间分配等，为新制的推行和实施提出了很多建设性的建议，其中很多都在正式颁发的新制得以体现。

20世纪20年代，随着国家民族矛盾的深化，国民的民族意识逐步提高，教育界人士开始从国家的高度来审视教育问题。在国家主义教育思潮的影响下，《中华教育界》1925年第15卷连续两期刊发专号文章，其中李儒勉的两篇文章《国家主义的教育与小学取消英语的运动》和《国家主义的教育与今后中等学校的英语教学问题》从国家利益的角度探讨近代中国的英语教育问题。李儒勉指出国家主义教育强调小学教育"重在实施国民教育、制造国民意识，养成爱国有用的国民"，一切训练、各项课程，都集中于这个使命上。而英语作为一门语种的外国语教育，与国民教育不发生必然的关系。中等教育旨在"养成良善爱国而又具有生活能力之公民"。作为职业需求的英语在中学生毕业后所起的作用虽然十分有限，但它在国家教育宗旨、爱国教育、师范教育、公民教育等方面，仍具有积极意义。因此，李儒勉提出取消小学英语科及改中学英语必修科为选修科的观点，对后来国家在中小学阶段英语科课程改革政策产生较大影响。

2. 关于英语教科书的研究及竞争

《教育杂志》与《中华教育界》分别由商务印书馆和中华书局创办。作为近代中国教科书的主要出版发行和印制单位，它们办刊的目的之一便是为其各自出版的教科书服务。因此，在两份期刊上自然可以看到关于英语教科书的研究及其对各自出版英语教科书的宣传。民国之前，商务印书馆在教科书领域几乎一统天下。所以，中华书局成立后更多的时候是以挑战者的心态对去抗商务印书馆从而争取更大的市场份额。

首先，《中华教育界》采取转录报刊评语的手段为自家的教科书做宣传。1913年第5期刊发的"各报对于中华中学英文教科书之批评"便集结了当时一些有影响力的报刊对中华书局出版发行的《中华中学英文教科书》的评价，兹录部分如下：

> 中华书局所编之中学英文教科书出版以来风行一时。记者幸获一阅，展读之余，觉其于教材之选择、课程之支配，均及研究适合。(《神州日报》)
>
> ……独能采取西国之长，畅以我国情势俾合于中学程度取材适当，文法完美，远胜旧时沿用之欧美课本。(《民报》)

其优点有五点：①体例极完备；②教程适合中华民国之用，于欧美读本之专合西童印度读本之教育奴隶者迥异；③书中有语言一门，俾学生得随时练习，收言文并进之效；④书中有文法纲要使学生知文法之大纲；⑤第一二册生字及成语用中文注释第三四册用英文注释。

此外，《中华教育界》还通过刊发对商务印书馆出版教科书不利的评述来打击对手。1925年第14卷第7期李儒勉的《评英语模范读本并致周越然先生》对商务印书馆出版的教科书《英语模范读本》进行了评述。文中指出周越然先生虽明知文法应该用归纳法教授，而且在该套教科书尤其是在第二、第三两册的确也是使用新方法，可是实际上和旧式的注意形式的文法好不了多少，只不过是把整部的注重形式的文法分开来夹在读本会话里面罢了。可以说，这篇文章对《英语模范读本》这套广泛采用的教科书整体评价并不高。此外，该教科书过于重视文法定义规律，缺少学文法必要的练习；材料选择缺乏故事性，不能提高学习者的兴趣；词汇选择不当，词汇复现率过低；语言带有中国味道，不够自然以及材料难度不合适等也都成了被批评的内容。

《中华教育界》选择刊发有关商务印书馆出版教科书负面评价的文章，以及依托有影响报刊对自己出版社教科书做出的积极评价，一方面体现了这两个民营出版机构之间抢占教科书市场的激烈竞争，另一方面这种对教科书编写体例、内容、材料等相关问题的提出有利于促进两家出版社不断改进自身出版的教科书质量，"可成为往后教科书编写的基础，又可为教育决策部门制定新的课程标准提供决策上的依据。"

(三) 近代教育期刊对英语学科教育发展的推动作用

晚清民国是中国教育改革的活跃时期，以《教育杂志》《中华教育界》为代表的众多教育期刊为近代中国英语教育研究搭建了广阔的交流平台，在推动其学科教育发展上起到了不可忽视的作用，主要表现在以下几个方面：

一是引入西方外语教育理论和教学方法。以杜威的实用主义为例，该理论可以说是在近代中国传播得最为广泛的教育理论之一，近代期刊上发表了大量有关实用主义理论及其教育思想的原著译介、评论及报告。在这些教育期刊的引导下，英语学科教育研究开始探讨学校英语教育中的实用主义。张士一在《中学英语教学的方法问题》(《国立中央大学教育丛刊》1933年第1卷第1期)指出：教学内容的安排要主客分明，注重英语的实用性，要为使用语言的目的服务，另外，要切于生活，不仅指生活里面可以直接用上，也包括授以学生学习的方法，提高他们的综合技能，获得以后继续学习的能力。这些主张均体现了实用主义的教育原则。除了直接译介和评述这些教育理论或教学法，《教育杂志》曾在"新刊介绍"栏目发布了一份由赵廷为整理的"最有价值的英语教育参考"清单，涉及教学原理、教育心理、教育测验与测量、教育史、教学法、课程、教育统计等多个方面的论文和著作，较为全面地向国内教育界推介西方国家外语教育研究的新动向。

二是推动近代中国学制和英语学科教育改革。近代教育期刊积极配合教育政策的制定者发起关于学制问题的讨论，更是通过开辟专号等形式集思广益。针对中学英语教学水平普遍较低的情况，很多学者提出了关于英语学科在国民教育系统地位设置的问题。根据这些信息，政府的教育部门在政策上进行了相应的调整，英语学科的地位出现了两次比较突出的变化。第一次是1929年颁布的《中学暂行课程标准》，不仅将外国语科(外国语暂定英语一种)的学分大幅降低，而且在第三年将英语必修课改为选修课(前两年为必修课)；第二次是1941年公布的修订中学课程标准，是自癸卯学制之后第一次将初中的英语由必修课改为选修课。显然，这些政策和法令的调整与近代教育期刊的推动不无关系。此外，广大英语教育专家和各级各类英语教师在期刊上探讨英语教学问题，畅所欲言，即便有时作者的观点针锋相对，或者有些尖锐问题的提出直指教育当局，但正是这种自由的学术氛围促进了很多问题的解决与改进。另外，作为以出版机构为依托的《教育杂志》和《中华教育界》更是在英语学科教材的研究和出版上做出了突出的贡献。

三是培养了一批科研人才，提高了近代英语学科教育的科研水平。刊发在《教育杂志》和《中华教育界》上与英语教育相关文章的作者，从发表数量来看排名靠前的来主要来自英语教育专家或编辑，有的甚至是两种角色兼而有之，如张士一、周越然，他们分别担任过中华书局和商务印书馆编辑，也都曾在多所大学教授各类英语课程。从他们受教育的经历来看，他们都毕业于英语教学水平较高的学校。扎实的英语基础、资深的教学背景，再加上期刊撰稿人的身份保证了其发表在刊物上的论述具有较大影响与权威，为其他英语教育研究者提供了研究思路和方向。广大一线英语教师当中一些优秀的稿件被录用和刊发，在很大程度上调动了大批教育工作者的科研积极性。他们把自己在实践教学中遇到的困难，积累的经验发表在刊物上进行分享和交流，进而促进了教学和科研水平的提高。

第四章　晚清时期英语在中国的传播与发展

第一节　传播的文化背景

1840 年英国政府以林则徐虎门销烟为借口向中国派兵，发动了震惊中外的侵华战争——鸦片战争。鸦片战争是英国对中国发动的侵略战争，以中国失败并割地赔款告终。自此，中国逐渐沦为半殖民地半封建社会。社会的骤变代表了中国近代史的开端，也代表了晚清阶段的正式到来。鸦片战争爆发后，中国被迫与列强签订了一系列不平等条约，独立主权遭到严重损害。不平等条约的签订迫使中国开放上海、广州、厦门、宁波、福州作为通商口岸。同时，条约有关外国人在华特权的条款为西方群体打开了紧锁已久的中国大门，一时间，以英美国家为代表的西方人大量涌入中国，这对中国社会产生了重大影响。第一次鸦片战争后，中国社会发生了较大变化。晚清政府在国家政策的制定和导向上丧失了部分主动权，使政府内部陷入了极度被动。然而，彼时的晚清政府没有思考如何挣脱列强的桎梏，而是为了支付数额巨大的战费与赔款搜刮民脂民膏。"吏治更加败坏，各级官吏重重剥削，额外摊派层出不穷"。政府没有从失败的战争中汲取教训，而是继续自诩"天朝上国"，故步自封，最终导致第二次鸦片战争的爆发。

曾经马戛尔尼使团带着同中国进行贸易的愿景访华，但最终却"除了见到乾隆之外，一无所获"。然而，中英官方的第一次会晤却揭示出中国闭关锁国，抗西排外的态度，也暴露出中国外语人才培养的缺失。直至第二次鸦片战争爆发，政治经济的密切关联才使中西交往出现新趋势，主要体现为西方思想及文化的渗透。这种思想及文化上的渗透与来华西方人数量的增长不无关系。

1840 年第一次鸦片战争爆发前已有西方人抵华，但人数不多且受中国排外政策影响往往活动受限。第一次鸦片战争爆发后，外国人依据不平等条约给出的优待条款涌入中国。1842 年和 1844 年的条约赋予传教士和其他西方人在条约口岸居住的权利，并且明文规定这些口岸可以建立教堂。传教士的身份和活动在不平等条约的支持下得以合法化。此外，除传教士以外的西方人士以五个通商口岸和香港为据点大量登陆，多数为男性群体。

第一次鸦片战争到第二次鸦片战争期间以六大通商口岸为主的外侨男性成年人数量总体呈上升趋势。1850~1855 年这五年里，除广州与香港外，其他四地均有所增长。其中福州增长值达到 180%，人数几乎达到前一年的四倍之多。

1855~1859 年这四年里，除广州外，各地人数均大量增长，其中增长至两倍以上，即增幅超过百分之百的有三地，分别是上海、福州和香港。香港在经历上一个五年的人数外流后实现爆发式增长，总人数近一千五，增幅近百分之三百。可见，这一时期的香港因英国殖民当局的建设已日趋成熟，吸引了大批西方人到此。除香港外，内地增幅较大的通商口岸主要集中于上海、宁波和福州三地，外籍男性开始由中国较南端向内陆靠拢。

不同种族之间的人接触势必带来语言和思想上的激荡，在与西方交流合作时，两次鸦片战争的爆发也给中国人敲响了警钟，来华西方人数的增多不但加强了西方文化的渗透，还使中国社会开始思考西方文化的利弊。林则徐在与英国人海战的过程中重视收集西方情报，派人翻译了不少西方论著，编纂《四洲志》《华事夷言》等书，是著名的"近代放眼世界第一人"。林则徐的密友魏源则在其编纂《四洲志》等书的基础上借鉴外报《东西洋考每月统记传》部分内容整理出《海国图志》一书。书中强调："善施四夷者，能制四夷；不善施外夷者，外夷制之。"并于扉页提出著名的"师夷长技以制夷"理念，与林则徐以夷知抵御外敌的思想不谋而合。

晚清初期至第二次鸦片战争期间西方文化的浸入从文化层面为晚清时期英语在中国的传播做出了铺垫。不平等条约的签订，外国人利好的增多和中国本土自主经济体制的破坏吸引大量抱有不同职业和目的的西方外来者入华，为英语的传播奠定了主导群体基础。思想文化上中国本土受战争刺激产生了主张学习"夷事"的思想家，如林则徐、魏源等。一方面打破了中国以往故步自封、面对世界时闭上眼睛，捂起耳朵的保守态度，使西学东渐的风潮开始在中国的土地上萌芽，一方面令来华西方群体备受鼓舞，为达到自己的不同目的开始在中国实施一系列活动。这一时期英语传播的文化路径主要依靠英美传教士群体实施。

第二节　传播主体：西方传教士

据联合国估计，2013年居住在中国境内的外籍人士为84万多人，近十多年的年均增长率近4%，比1990~2000年的3%有所提高。回顾晚清时期，虽然当时政府推行闭关锁国政策，但仍有不少传教士甘冒风险潜伏在中国及中国边境。随着鸦片战争的爆发，中国紧闭的大门不得已被炮火轰开。此后，从西方世界来华的外国人络绎不绝。当时的中国地广人稀，但仅传教士这一群体在中国的人数便数以千计，其中来自英美等国的传教士占了主流。与现今留学、旅游等目的不同，当时的来华外籍者大多抱有明确的经商、政治等目的，而操着英语的传教士来到中国，则为寻求通过基督教义改变中国人的信仰。"他们狂热地认为，只有用西方基督教文化彻底改造中国文化和社会才能完成其传教使命"。

即使在21世纪都能获知西方对中国的认知仍存在极大偏差，那么对19世纪的西方人来说，中国在他们的眼里一直以来都是充满神秘和无限可能的国度。西方世界国家以各种方式完成本国的原始资本积累后，开始寻求与外部世界互通有无，进行顺差贸易、侵略等殖民意味浓厚的行动，以完成资本扩张。这时的中国仍处于闭关锁国的状态，并不了解外面的世界已经翻云覆雨，而西方却开始将目光瞄向中国，向往在中国这片土地上打开一扇新的大门，来寻求增加资本的可能性。中国长久以来的自给自足与闭关锁国给予西方人一个探寻的机会，在宗教方面也是如此。西方人大多是基督教虔诚的信徒，坚信基督的指引会使人类得到福祉，让更多的人信仰基督便是传教士们的宗旨，而中国相对来说庞大的人口基数使众多传教士踏上了这片土地。

据在华耶稣会士列传及书目的不完全统计，仅自明万历到清乾隆二百年间，在华进行传教活动的便有五百余位耶稣会士，其为华籍者 70 人。也就是说，除去本地的中国传教士，这期间仅在华西方传教士便多达 430 人。到晚清时期，踏入中国大地的传教士更是难以计数。篇幅有限，不能将晚清时期全部在华基督教分支派别与区域详尽列出，但从 1842 年由雅裨理（David Abeel）创立分布于龙岩、永福等地的归正教始，至 1911 年卫英士（Frank J.Wiens）创立于汕头的孟挪浸止，这期间略有 48 所分布于中国各地的基督教新教教会团体。北方较少，多集中于北京等地，南方四川、上海、南京、苏杭、福建等地较多。而有记载的从 1842 年耶稣会的创办到 1904 年巴尔马外方传教会为止的天主教会派别只有 11 所，相对较少，这期间在华兴建的天主教女修会也有 11 所。两者相加的情况下仅 22 所，数量上少于新教派别数量的一半。值得一提的是，"有别于基督新教，天主教派别多设立在北方，如辽宁、内蒙古、吉林、黑龙江及中部如河南等地设立"。由此看出，晚清时期基督教教会的足迹遍布整个中华大地，大多由英美、加拿大人创建并掌管。这些国家以英语为母语，其国人来到中国，在生活和沟通等方面势必会与中国的语言发生碰撞。由这一群体主导的英语传播由教育作为初始路径，逐步过渡到机构创建，最终通过教育与翻译机构的配合逐步实现英语和西方文化的渗透，实现英语传播的文化传播路径。

第三节　教会学校与英语传播

近代初期的来华传教士虽然遍布中国大江南北，但传教效果不甚理想。教徒人数发展缓慢，英语的使用也并没有因为他们的到来而迅猛发展。对晚清时期的中国来说，长期的闭关锁国政策使国内生活自给自足，很少需要与外部世界沟通。因此，英语在近代初期的中国社会并没有什么太大用处。当时的中国国门没有完全打开，外交也没有完全建立，无论是政府还是群众，对中文以外的语言接受度都不高。虽然早在 18 世纪末清政府便与外国使团有了往来和交流，但晚清初期，西方传教士在中国的传教活动却并非一帆风顺，甚至可谓坎坷重重。

近代初期的中国闭关锁国，对外来人员更是忌讳如深。鸦片战争爆发前，清政府对异域人士的要求是不准其私行登岸。"倘有在地小船混撬，立即按名严拏解究，毋稍违忽。"这种情况到了晚清初期也没有什么好转。第一位来到中国的英国传教士马礼逊聘请的汉语教师总是随身携带着毒药，这样能在清朝官员罚他重罪的时候用于自尽。最早抵华的美国传教士卫三畏聘请的汉语教师总是在手里拿着旧鞋，随时随地准备在紧急关头乔装成一个修鞋匠。林则徐曾收缴一批有关各地传教士受到压迫的匿名书信，并请求一位在华外商帮忙翻译，但在了解书信内容后这位商人断然拒绝。在他看来，若是使清政府了解了情况，那么整个帝国管辖范围内的罗马天主教士都会受到严厉打击。由于政府阻碍，晚清初期外国人在中国的地盘很不受欢迎。语言不通导致人们无法与传教士进行有效的沟通，仅凭传教士们印发的中文福音小册子不足以发展教徒，也不足以消除中国人的偏见。更糟糕的是，太平天国利用基督教起义害得民不聊生，各地针对传教士的教案也在不断发生。因无法接受任何外国的人或物，所以晚清初期中国社会民众和政府对英语的接受度始终有限，即使有中文版本，但传教书籍在中国人看来更是有如天书。因此，语言问题的解决是有效推动传教事业、摒除人们对传教士的偏见的重要途径。解决语言问题最好的方式是通过教育普及，而中式学堂没有外语教学这门课，因此想传授一门全新的语言给中国人，最有效的方式就是通过开办学校来对中国人进行语言与思维上的西化教育。

1818年英国人马礼逊在马六甲创办的第一所教会学校——"英华书院"培养了不少有潜力成为传教士的孩童。之后美国传教士裨治文于1830年在广州开办了贝满学校。"这是美国传教士在华建立的最早的学堂，也是近代基督教新教传教士在中国本土建立的第一所学校"。从那时起，传教士们逐渐开办了大量教会学校来吸引人们学习西方语言和文化，甚至在晚清末期太原教案发生后，传教士李提摩太面对中国政府提出的赔偿，他的要求只是允许他兴办学校，而非割地赔款。在他看来，教案的发生多是因为人们的愚昧与对基督教的不了解，开办更多的教会学校会帮助人们开放思维，学习包容与尊重，也能使中国人在了解外国人的同时更好地接纳新的宗教思想。从第一所教会学校——英华书院开办至1877年止，欧美传教士在华开办的学校多达347所，招收学生共

5917 人。其中美国开办的教会学校占 202 所，其中学生达 3117 人。这期间的教会学校大多由私人创办且招生层次不高，学校数量虽然不少但教育水平有限。19 世纪 60 年代，清政府洋务派高喊"师夷长技"的口号，逐渐认识到学习洋务的重要性，社会对西式人才的需求增强。1877 年新教传教士在上海举办了第一次传教士大会，对以往的教会教育进行反思，并对之后的教育模式展开构思与探讨。自此，教会教育进入崭新的发展阶段。接下来将以 1877 年为分水岭，对前后主要教会学校进行个案研究，以此来探讨晚清时期传教士群体主导教会教育对英语传播的影响。

一、前期教会学校与英语传播

(一) 英华书院

基督教很早就在中国存在。公元 635 年中国有景教会，这是我们认识中国基督教的头一个确切的出发点。但当时大部分外国人的后裔不敢承认自己的宗教信仰，所以在很长一段时间里，中国的基督教发展十分滞后。1601 年抵华的意大利传教士利玛窦为了使基督教获得中国官员认可，强行将其与中国传统儒家思想结合在一起，并撰写三十多种书籍用以传教。在利玛窦的推广下，到清朝康熙年间，中国约有 15 万天主教徒，其中包含约 11 万耶稣会教徒。1807 年，英国派往中国的第一位传教士马礼逊在广州登岸。虽然在利玛窦的努力下中国信教人士增多，但当时的中国仍处于严重的闭关锁国状态，拒绝接受任何外语或外来文化，传教活动也进展得十分困难。这令马礼逊发现要教中国人学习英文的想法是错误的。"没有一个中国人想要读英文，只有少数中国商人跟西洋人学会了一些英文商品的名词，能够与我们贸易往来，他们就以此为满足了"。对马礼逊来说，想在这里宣扬基督教仅靠讲解西方基督教书籍是行不通的，于是他改变思维，融入当地百姓生活，开始学习中文，还将"四书福音"（包括《马太福音》《约翰福音》《路加福音》《马可福音》）等基督教教义翻译成中文，在中国百姓间推广。然而，清政府的禁教措施和闭关锁国政策导致来华传教士人数增长十分缓慢，同时，单纯地翻译出版中文教义已经无法满足西方社会日益增长的传教需求，于是马礼逊决定用教育的方式培养来自欧洲和中国当地的居民成为虔诚的传教士。"这样就可派他们到恒河以东各国传播基督教"。

由于中国政府禁教情况严重，经慎重考察，马礼逊最终决定在华人聚集的马六甲（Malacca）创办近代第一所面向华人的教会学校"英华书院"。将学校建在马六甲的原因如下：

> 它离中国很近，与中国人居住的诸群岛保持着密切的交往；它可以直达交趾支那（Cochin-China）、暹罗（Siam）、槟榔屿（Penang），与印度（India）和广州都有来往，前往这些地区的船只经常来到马六甲。马六甲的气候宜人，可以让那些因健康原因被迫离开的传教士来此休养身体；这里很宁静，政府当局支持传教事业。

根据马礼逊的描述可以看出，这所英华书院的开办目的并非"传播英语教育"，而是期待以教育的方式在靠近中国、华人聚集的地区培养传教士以扩大东方传教人群，使他们学成后回到东方传播福音。批准英华书院创建的伦敦教会曾在写给马礼逊的信中反复强调"传教"才是书院开办的唯一目的，并针对这条提出一些要求，如"只提供助学金给确定学成后参加传教工作的在校学生"；"对无意传教或有其他打算的青年应拒绝接受其入学申请"。

虽然这所涵盖中、小学教育的教会学校遵循伦敦教会"培养传教士"的宗旨，但出于现实情况考虑，学校在招生与制订计划时并没有将培养目的直白地表达出来，而是决定以中英语言教学为主。马六甲地区聚集了大量华人与欧洲人，因此，书院的教师队伍主要由外籍教授和中国籍助教组成，同时招收欧籍与中国籍学生。书院要求欧籍学生必修中文，而本地学生则必修英文，在此基础上讲授如地理、数学、历史等学科知识。同时，学生们根据自己的时间状况也可以选择道德哲学，基督教神学、中国经书或马来文、伦理哲学等科目。书院的外籍教授主要使用马礼逊编写的《英文文法》作为教材来教导本地学生学习英文和西方科学。教材里的中文解释有助于中国学生们更好地理解英语。中国籍教师则负责欧籍学生的中文学习，并向中国学生讲解中文版《圣经》（Bible）的内容。英华书院分为中学部与小学部，其中中学部在书院内上课。

1824年以前，该校的招生人数处于稳步上升阶段，但于1824年后出现起伏。我们对1818~1839年鸦片战争发生前英华书院本院中学部招生人数进行了统计。我们发现，书院平均年招生约23~24名。招生人数在1827~1829年达到了一个小高峰，之后1830~1832年招生数量则略有下降，但于1833年恢复。到1839年，即鸦片战争爆发前实现了大幅度跨越。总体而言，1818年至鸦片战争爆发前的二十多年间，英华书院中学部在马六甲共招生240人左右。从1818年的7人，到1839年的70人，这中间在数量上有上升，有下降，但总体呈上升趋势。说明英华书院的影响力在逐步扩大，也越来越获得学生的认可。虽然学校的教育目的是传教，但英华书院从不强迫学生参加礼拜。同时，外籍老师与外籍同学的存在使中国学生在英语课外也处于十分自然的英语氛围中，对提高自己英语听说方面的帮助很大。鸦片战争爆发后英华书院迁址香港，但不久便停办了。尽管如此，作为"第一所主要面向华人的新式学校，该校毕业的部分华人学生，成为近代中国第一批西学的知情者"。其存在不但为鸦片战争后教会学校的建立提供了探索经验，更使英语这门语言第一次坐上教育的快车，驶向中国。

(二) 马礼逊学堂

马礼逊在华27年间进行的活动有译书、办校、出版等，其中英华书院的成功开办为后来的传教士提供了宝贵的教育经验。在此基础上，在华传教士深谙教育对传教的影响，于马礼逊去世后成立了"马礼逊教育会"，其宗旨是"在中国开办和资助学校，在这些学校里除教授中国读中文外，还要教授他们读写英文，并通过这个媒介，把西方世界的各种知识送到他们手里。这些学校要读《圣经》和有关基督教的书籍"。基于此，教育会派遣毕业于美国耶鲁大学的美国人布朗在澳门开办马礼逊学堂，呼吁更多的传教士在中国传播福音。根据马礼逊教育会的办学宗旨可以看出，以马礼逊命名学堂不但是为了纪念其在华期间为传教事业做出的贡献，还为了提醒来华传教士以马礼逊为榜样，在中国充分发挥自身职能。

1839年，马礼逊学堂在澳门正式开课，但只有6名家境贫寒的男学生。学堂采用中英语言双语教学，半天学习汉语，半天学习英文。1942年学堂迁址香港后便主要使用英文进行教学。马礼逊学堂课程设置丰富多样，除了一般的英文、地理和数学，还开设初等机械学、生理学、音乐等课程。一位学生曾表示他们对这类西学课程十分感兴趣，"但英语是获取这些知识的唯一途径，所以我必须下更多功夫学习语法、练习阅读。"可见，马礼逊学校的存在增强了学生想要学习英语的欲望，学校也尽可能满足学生们对英语学习的渴望，加大英语办学力度。

1842年前学校不但有英语和阅读课，还设置了口语课，但只出现在办校的第一个学年度。1842年迁址香港后才增添了写作课。1842~1844学年度除英语、阅读与写作外还设置拼写练习与英语书写课，但随即取消。马礼逊学堂办校期间占比最高的英语相关课程为"英语"和"阅读"，各占32%，比重相同，且两科共占全部课程的64%，超过一半占比。可见，马礼逊学堂除了英语基础知识外，着重培养的是学生的英语阅读能力。

在当时的西方传教士看来，良好的阅读能力可以帮助学生在课内外通过书本快速获取想学习的知识，阅读技能是学生了解西方进而接受西方必须掌握的能力之一。在剩余占比36%的课程中，比例最高的是写作，数值为16%，其他四门课程——英语书写、口语、作文和拼写练习均占5%。可见，学堂在不断地尝试开发新课程，但核心始终是英语基础课、阅读课与写作课。

在英语学习必备技能"听、说、读、写"中，马礼逊学堂的核心课程占了"读"与"写"两项，看得出布朗本人在制定课程计划时，主要参照当时欧美的教育模式并结合中国学生的实际情况做出规划。总体而言，马礼逊学堂的课程设置是十分科学的。这里的学生经过了三四年的学习后，除熟悉中文外，对英文的读、写、听、讲和翻译，都有了相当的基础。《中国丛报》分别于1842年和1845年刊登了部分学生作文，这些作文大多自由命题，洋洋洒洒用英文写成。"语言表达流畅顺利、词汇使用丰富、长短句结构富于变化、结构完整、中心明确"，彰显出不错的英文功底。

这所为纪念马礼逊的学堂只开办了十年，但在布朗等教师的悉心指导下，曾就读于马礼逊学堂的中国学生容闳成功考入耶鲁大学，成为中国第一位留美学生。学成归来后的容闳在中国组织了第一批官费留美幼童，构建了中西语言文化交流传播的重要桥梁。随着传教士的增多，广州、厦门、福州、宁波和上海等地相继建立起规模不一的教会学校。仅在1860年前，基督教在上述五个口岸开设的各类学校就达到五十所，在校生学生一千多人。可以说，马礼逊学堂科学的课堂设置与卓有成效的教学效果为遍地开花的教会学校提供了经验，树立了榜样。如果说英华书院为中国普通民众打开了英语的神秘大门，那么马礼逊学院就是进一步培养了学生英语能力，带动了教会学校英语教育的基础。

二、后期教会学校与英语传播

19世纪60年代以前中国的教会学校水平不高。受通商口岸开放程度影响，主要创办于中国南部，如澳门、香港、宁波、上海、广州等地。19世纪60年代以后，洋务运动始现，中国对西学的需求增强，这时期的教会学校开始出现在中国北部地区，如北京、山东、天津等地。西方传教士也以此为契机在中国的土地上探索高水平教育模式，类似于西方正规大学规模的教会学校开始涌现，英语受教育人群和教学水平逐渐升高。

(一) 登州文会馆

登州（现蓬莱）位处中国山东。1864年美国传教士狄考文携夫人抵达登州并开办了"蒙养学堂"。1858年中英签订《天津条约》将登州设为通商口岸，向外国船只开放，虽然后期英国政府经过勘察将条约中的口岸改为烟台，但"1860~1900年间，登州仍吸引了100多名美国传教士来此，其中居住十年以上的有十五人"。狄考文及其夫人便是其中之一。他们所设的"蒙养学堂"最初只提供初、中等教育，受近代社会背景影响，办学效果不尽如人意。"维时风气未开，人多怀疑，所招生徒仅六人耳"。1877年，在第一届的3名学生毕业之际，狄考文正式宣布学堂更名为"文会馆"，有"以文会友"之意。1822年文会馆获得美国长老会批准，重新调整课程以开办大学教育。随着课程调整、经济援助与洋务运动兴起，19世纪80年代末的文会馆注册人数达百人，在清末众多教会学校中享誉盛名。

毫无疑问，教会学校的开办对中国外语学习进程是种推动力。但是，从英华书院开始，教会学校就不只是为了推动英语在中国社会传播而存在。1868年一篇关于中国教育的文章对中国教会学校被称作"寄宿学校（Boarding School）"非常不满，认为男子学校应该改称"传教学徒与牧师训练学校"，这样才能彰显教会学校的真正目的。可以看出，教会学校的创办目的始终明确，并非为了普及英语教育。对他们来说，培养学生通过了解西方语言和文化来进一步知悉基督教义才是最终目标，英语学习只是一种手段。然而，并非所有教会学校都将学习英文作为推广基督教的手段。

登州文会馆由美国传教士狄考文与其夫人创办，但作为基督教在华第一所大学，英文课在此并不受重视。为了使中国学生能够在维持自己原有文化的背景下更多地吸收外来知识，学校尽可能使用中国教师授课，并坚持教授中国传统的四书五经，尽量不使用英文授课。这与以往教会学校重视英语，提倡英文课程学习的做法相去甚远。狄考文认为，"一旦开设英语课程，会招来一些富家子弟前来学习，他们所抱有的经商动机会降低学校的宗教氛围，也会影响学校的学术风气"。虽然学校没有专设英语课，但狄考文采用与美国大学接轨的办学机制，沿用中西文化加宗教的课程结构，实行了丰富的课程设置。学校开设的自然科学课程有物理学、天文学、化学等，均受到学生欢迎。文会馆的学生朱宝琛甚至与馆内外籍教师合作编写出我国首部声学高等教育教科书《声学揭要》，并直接用于馆内教学。同时，校长狄考文还亲自设计并收集仪器来为学生开设实验课。人文社科方面，学校开设音乐、地理、伦理学、政治学等课程，其中音乐课由狄考文夫人朱丽亚（Julia Mateer）采用自编的近代最早音乐教材《乐法启蒙》亲自授课，开创了中国近代声乐教育的启蒙。《光明日报》曾刊文称"登州文会馆不仅仅是中国近代第一所大学，更是19世纪末、20世纪初中国最好的大学之一"。毫无疑问，英语语言的授课能够直接有效地作用于英语的传播，但语言是文化的载体，二者密不可分。登州文会馆开设的课程科学，实验丰富，甚至比狄考文早年在美国读大学时所见的还要多。学生在学习知识的过程中不免会引发对西方文化的浓厚兴趣。虽然没有直接开设英语课，但对目标语文化的渴求会激发对目标语学习动力。同时，受西方教育指导的毕业生在接纳西学西艺的同时，还会将此传承下去。可见，登州文会馆的创办对英语在晚清中国的传播功不可没。

（二）圣约翰大学

1845年，美国新教传教士文惠廉（William Jones Boone）受美国圣公会委托抵达上海，创办了培雅、度恩等教会书院。但社会动荡使这些教会书院招生情况堪忧。经过慎重考虑，圣公会中国道区主教施约瑟决定创办一所大规模的教会大学。"彼见中国人尊师重学，由来已久，设立大学之后，必可养成一种实力。且中国是时教育，仍是守旧章，专攻经史，苟能介绍新式教育，创立教会大学，前途之希望实为无穷"。在这种理念指导下的施约瑟于1879年将培雅、度恩两所书院合并，开办圣约翰书院。

虽然圣约翰书院以英语学习出名，但建校初期施主教却不想在学校开设英文课。"一方面是他畏惧学生学习英语的功利主义倾向，另一方面也是因为施约瑟本人对中国文化比较重视。"类似情况的还有美国监理会在中国创办的第一所男子寄宿学校博习书院。博习书院原名存养书院，建校初期坚持使用中文授课，晚清末期因局势需要不得不开设英文课。学院在1896年春增设英语学习班后，61名在校生只有21名同时学习英语和其他课程，其余40名只学英语，不学习其他外语。学院的英文课一经开设便受到学生欢迎。可以看出，19世纪90年代末，随着洋务运动发展，社会对英语人才的需求增大，人们对英语学习的热情早已经在晚清社会发酵，对一般规模的教会学校来说，不开设英语课便很难吸引到优质的学生。与19世纪50、60年代的教会学校相比较，19世纪70年代以后的教会学校教学内容上最明显的特点是强调英语教学。

实际上，英语语言的学习直接关系到晚清中国开放国门以后的社会环境。在当时，英语水平的高低与未来个人就业状况有着紧密联系。因此，南方最早的教会大学——圣约翰书院终于在1881年专设英文部，收生12人，并将英文课的学习放在了首位。这时期的圣约翰书院奉行与登州文会馆相反的宗旨，认为开设英文课是顺应时势，只有吸引大批富家子弟来进修英语，借英语使其了解基督教才能更好地在中国上流社会宣扬基督教思想。学校创办的宗旨是通过培养一批既信仰耶稣，同时又掌握中国社会话语权的人来进一步推动基督教在中国的传播，各学校创办人根据自己的宗旨会对学校实施不同的课程设置。对这所圣约翰书院来说，英文课的设置恰巧成为了自己的办学特点。1888年卜舫济担任圣约翰书院校长，要求重视学校内部英语教育，并强调四点学习英文之好处：

"一，华人研究英文，可犹如西人研究希腊拉丁文，可以增进智慧。二，研究英文，可以铲除华人排外之成见。三，华人士研究英文，可以增进东西间之情感，并可以扩张国际贸易。四，研究英文，可以知基督教事业，培养人才，为社会服务。"

为此，他进行了一系列教学改革，"除中文课外，其他课程一律开始使用英文教材，并用英文教学，学生课内课外需讲英语"。1905 年在校长卜舫济的努力下，圣约翰书院在美国注册成功，并模仿美国大学的模式开设选修课。在此毕业的学生能够获得与美国大学毕业生相同的学位。自此，渡过风风雨雨的圣约翰书院正式变为圣约翰大学。

从书院时期起，圣约翰大学便重视英文教育，各学科均采用英文授课。学生活动与组织层出不穷，主要包括莎士比亚研究会、军乐会、益智会、互助会、珍珠会和摄影会。其中，莎士比亚研究会每周六聚一次，研究剧本一种。1896 年，学生曾演威尼斯商人一剧。此后亦时需演莎士比亚诸剧。校园丰富多彩的文化活动和洋务运动的开展使书院吸引越来越多的学生前来求学。

从 1879 年圣约翰创校到 1902 年期间有迹可考的年份里，学生数量呈稳步上升趋势，这为学校 1905 年正式挂牌圣约翰大学打下良好铺垫。据统计，截至 1909 年，"圣约翰在校学习人数达 561 名"，相较 19 世纪末在学生数量上有大幅度的提升。圣约翰大学的毕业生由于英语水平高超而备受社会各阶层重视。当年许多如海关、洋行电报局以及外交类别的洋务部门也因圣约翰学生英语水平高而对他们另眼相看，以至于社会上竟然出现所谓的"圣约翰英语"。

中国历史上毕业于圣约翰大学及相关附属学校的名人涵盖各行各业。如文学大家林语堂、建筑大家贝律铭、外交官顾维钧、政治家宋子文等。此外还有许多毕业生选择留在圣约翰继续任教，将圣约翰重视英文的理念一代代薪火相传。校长卜舫济对英文教育的执着不但深深影响了圣约翰及师生，更是影响了一批批教会大学。对中国教会大学史上而言，堪称重要的转折之校。此后，英语作为教学语言成为潮流和趋势，被越来越多的教会大学所采纳，英语这门语言也得以通过以圣约翰为代表的一批批大学传播开来。

第四节　翻译出版与英语传播

"语言需适应人类自身的学习与应对能力。"即在人类选择一门语言进行学习或传播的时候，一定是基于其自身的社会价值与目的之上的。对中国的有识之士来说，英语有着极其重要的社会价值，教会学校提供了这样一个改变知识命运的机会。传教士群体的到来确实使英语在中国晚清社会获得一定的传播效果，无论其活动为是否都与英语有关，只要其身处中国，与中国人交往，英语作为他们的母语总会在中西语言的碰撞中得到发展和传播，可是他们来到中国的真正目的却并非传播自身母语，而是为了开发中国这块未经开垦的基督教处女地，发展更多的教徒，弘扬他们所信奉的宗教。1842年，《南京条约》的签订使中国的通商口岸不得不对外开放，曾遭到压迫与打击的西方传教士们迫不及待地配合西方列强一同制定对华政策，企图以最快速度传播在华"福音"。但最终，传教士们发现，想使中国人接受一门新的宗教，靠生硬地教学是不够的，中英语言的差异导致中西方在对事物的理解上有很大分歧。长久的闭关锁国导致中国人对外来知识甚为匮乏，且难以接受。想解决这一问题，单纯地靠传统教育是不够的。晚清时期在华的西方传教士深谙此道，除了在中国开办学校教授英语外，他们还创办了相关机构进行出版与翻译活动，利用西方科学技术的影响，将西方文化渗透到中国人的生活中去，英语这门语言也得以通过文化渗透的方式继续在晚清社会传播。

一、翻译机构与英语传播

第一次鸦片战争爆发后，列强以武力威逼中国签订一系列丧权辱国的不平等条约，强迫清政府开放上海、广州等五个通商口岸。这些沿海城市的对外开放为外国人来华提供了极大便利，此后来华的外国人络绎不绝。与此同时，鸦片战争的战败耻辱使中国本土产生对文化、政治、军事等西方社会知识的迫切需求，相对宗教教义，文化产物更能吸引中国人的目光。美国传教士林乐知察觉到晚清的这种社会转变，认为"阐释耶教，介绍西学，决难囿于讲坛，徒恃口舌，必须利用文字，凭藉印刷，方能广步深入，传之久远"。他强调以往的口头传教已经不能满足社会变化带来的西学需求，传教事业想要继续就必须以书籍出版为形式，以西方科学知识为载体，逐步减轻社会对教会和教士的敌意与误解。受此观念影响，在华传教士纷纷创立了出版机构，依托翻译与出版，将西方思想引入中国。其中最负盛名的两处翻译出版机构为墨海书馆与美华书馆。

(一) 墨海书馆

晚清社会早期的翻译活动主要体现为传教士翻译，部分传教士以个人活动为主，部分则隶属不同组织。受传教士身份影响，晚清社会传教士进行翻译活动的首选便是《圣经》。1823年马礼逊以《圣经》为原本译出《神天圣书》一书，成为第一位介绍基督教经典到中国的外国人。为了帮助后续来华的传教士学习中文，他还根据《康熙字典》编纂了《五车韵府》等英汉字典。《五车韵府》共有六大本，合计4595页，工程浩大，全部由马礼逊独自编纂，马礼逊也成为重视中英翻译的第一人。

英国传教士开始踏上中国领土后，马礼逊提议创办英文报刊来帮助在华西方人了解中国社会与文化，于是美国传教士裨治文作为总编辑创办起《中国丛报》。此报除了介绍鸦片战争时期的社会状况，还对中国历史、宗教、农业、儒家典籍和文学艺术等方面的作品进行了翻译和介绍，架起了中西方文化交流的桥梁。对这时期的西方传教士来说，学习中文并将《圣经》翻译成中国人看得懂的文字是传教的基础。美国公理会传教士卢公明（Justin Doolittle）甚至用福州方言翻译出版了《约翰福音》《神十诫其注释》等传教手册，并收集了许多福州方言的俚语、俗语以及不少中文资料。晚清社会传教士个人翻译活动的主要目的是传播宗教，学习中文、翻译《圣经》、创办报刊都是为这一目的服务，但个人的翻译精力与能力实在有限。因此，西方教会开始委托部分传教士创办翻译出版机构，旨在有组织地、系统地翻译、出版宗教宣传用书。墨海书馆便是其一。墨海书馆的前身巴达维亚（Batavia）印刷所由伦敦传道会委托传教士麦都思创立，是鸦片战争前所有基督教中文印刷所中，"唯一以木刻、石印、活字三种方法生产的印刷所，而且生产的图书总数和印量都很可观"。1844年，麦都思在伦敦传道会的指示下以巴达维亚印刷所为基础在上海创办了墨海书馆，同样主要使用木刻、石印、活字三种印刷方法，同样数量可观。

墨海书馆 1844 年创办到 1847 年间出版书籍数量呈上升趋势。1845 年是一个大的跨越，到 1846 年虽处于上升但幅度不大。至 1847 年，书籍数目仍稳步上升中。与书籍数稳步上升不同的是，页数的印刷数经历了大的峰回。1846 年墨海书馆的书籍印刷数达到新高，实现近年峰顶，但马上于另年急转直下，悬殊非常大。实际上，虽然馆内印刷的书籍部数始终稳步上升，但由于技术限制，1844~1847 年间墨海书馆的印刷水平和页数并不稳定。这种情况在 1847 年后墨海书馆引进滚筒印刷机后有所改变。仅半年时间便印刷出超过 55 万部，330 万页的书籍，超越之前各年产量。携滚筒印刷机同来的还有传教士伟烈亚力，在他的带领下，墨海书馆利用先进的印刷技术实现了更多的出版。

在成员的组成方面，墨海书馆不仅有西方传教士参与，还吸印了部分来自中国本土的学者，包括晚清时期的科学家李善兰。李善兰自小喜爱天文算学，1853 年到上海加入墨海书馆后即与伟烈亚力合作翻译出版《代数学》《代微积拾级》和《几何原本》的后九卷。其中《代微积拾级》的翻译出版将以微积分为代表的西方高等数学首次介绍到中国，曾在当时社会上引起轰动。在墨海书馆期间，抱着"异日人人习算，制器日精，以威海外各国，令震摄，奉朝贡"的目的，李善兰与传教士合作翻译出版了许多科学作品，多涉及物理、数学、植物学等知识。虽然在传教士麾下工作，但其翻译活动却对中国自然科学的发展打下了良好基础。

除了李善兰外，墨海书馆里的中国译者还有王韬、张福禧等。王韬参与过墨海书馆《圣经》的翻译，但同样在此谋职的管嗣复却拒绝协助裨治文参与《圣经》的翻译工作。在管嗣复看来，儒家思想与西方宗教属两类极端。他认为"吾人既入孔门，既不能希圣希贤，造于绝学，又不能攘斥异端，辅翼名教，而岂可亲执笔墨，作不根之论著，悖理之书，随其流、扬其波哉"。对他来说，在墨海书馆中工作仅为谋一职业，参与格致翻译尚可，若参与到宗教书籍的翻译中去便是大大地偏离了自己到此的初衷。

在墨海书馆工作的中国人虽然参与了大量的翻译工作，但对自己的身份认定却十分模糊。王韬在许多书札中都对于自己的"翻译"或"秉笔""笔述者"身份感到没有多么值得炫耀之处。与馆内同种族同身份的西方传教士相比，这些中国译者更像是一种特别的存在，在西方传教士麾下工作的另类工作群体，协助西方传教士扩大西学影响。

1844~1860 年间，墨海书馆出版各类书籍与刊物共 171 种。"属于基督教义、教史、教诗、教礼等宗教内容的 138 种，占总数 83.7%；属于数学、物理、天文、地理、历史等科学知识方面的 33 种，占总数 19.3%。"从时间上看，从 1851 年以后，才陆陆续续有科学知识类的书刊出版。可见由西方传教士主持创立的墨海书馆主要任务是传教，传教是书馆创办的初衷，而且一直都是馆内传教士翻译群体的共同目标，有关西方科学知识书籍的翻译与出版是帮助传教顺利开展的辅助手段。但对于馆内的部分中国译者来说，传教并不是他们参与翻译工作的主要目的。他们参与译书工作，或为了满足对西方科学知识的渴求，或为了挽救中国命运，或仅仅为了谋一工作，但绝不为传播西方宗教。

墨海书馆一类的西书出版机构大多内聘中国人协助工作，但这类机构的创始人均为西方传教士，馆内所聘传教士的数量远多于中国员工，在翻译和出版资料的选择上也是以宗教类书籍为主，目的十分明确。甚至西学西艺书籍的翻译出版也是为了帮助中国更加了解西方世界，从而使中国人更容易接受西方宗教，这一点也体现在翻译方法上。

墨海书馆中的西方译者出于传教的目的，在翻译活动中选择了对传教有利的方法，如将英语与中国方言结合。美国传教士高第丕曾在上海居住十几年，活动于墨海书馆，于 1855 年出版《上海土音字写法》，创造了上海方言拼音体系。"在高第丕之前，汉字之外用于记录上海方言的只有罗马字母。"他在书中系统地编排了上海方言，创作出两页字母表，并以此为指导翻译了上海土话版的宗教书籍《赞美诗》。墨海书馆中钻研中国方言土话的除了高第丕还有艾约瑟（Joseph Elkins），他曾编辑出版《上海口语语法》《北京话语法》等有关方言土话的语法册子，引导了一批传教士使用中国方言来翻译书籍。

晚清时期中国的官方话语并不固定，因此，西方传教士们十分乐衷于使用传教本地的方言来工作。就方言版的《圣经》来说，全译本就有不下 10 种。包括"上海、苏州、宁波、台州、福州、厦门、兴化、广东、汕头、客话"。高第丕等传教士翻译群体使用方言进行创作的目的是方便传教，加强本地百姓对西方宗教的接受度。同时，在讲方言的人群中，英语得以通过方言译本的方式进行传播。这是因为方言的翻译比政府官话更有亲切感。翻译出来的书籍经过印刷分发到中国人手中，使他们了解基督教的同时愿意去了解西方文化，大大激发出中国人对英语学习的兴趣。

传教士翻译群体的主要精力聚集在宗教类书籍的翻译上，却并没有停止对科学技术类、算术类等西学西艺类书籍的翻译与出版。1851年后的墨海书馆曾翻译出版三十多种有关西方科学的书籍，其中天文知识类书籍《谈天》由传教士伟烈亚力和中国人李善兰共译。梁启超对其翻译评价极高，认为此书"固为博大精深之作，即译笔之雅洁，亦群书中所罕见也"。译者伟烈亚力和李善兰均为此书作序，伟烈亚力在序言介绍天文知识的同时将"天物"归为"造物主"之安排。"言科学而不忘宗教，这是传教士的本色体现。"李善兰的序言并未提及宗教，而是完全将此书当成开启民智的钥匙。

"师夷长技以制夷"的基础是贯通西语，从李善兰的译书目的可以看出当时中国社会知识分子对西学知识的渴求。宗教书籍也好，科学书籍也罢，它们的翻译与出版在当时社会激起了中国人学习英语的欲望，在这一点上，墨海书馆功不可没。

(二) 美华书馆

如果说墨海书馆是英国传教士传播宗教的港湾，美华书馆就是美国传教士组织出版传教书籍的温房。美华书馆前身为华花圣经书房。1845年，为开源节流，美国长老会传教士柯理（Richard Cole）携夫人将原位于澳门的印刷所转移至浙江宁波，在此创办了华花圣经书房。

"华"字表示中华、中国，"花"意指花旗，即美国。书馆在办期间一直保持着高产出高质量的出版。1846~1859年这14年间华花圣经书房平均编译出版书籍10万册。出版量最多的一年是1848年，此时的华花圣经书房落成仅3年便达到了顶峰。受晚清社会背景影响，书房之后在出版册数上一直没有再攀高峰，但14年中有一半年份的编译出版数量超越了平均数值。可见，书房的出版活动一直没有停下脚步。

从出版页数来看，14年间书房编译出版书籍页数平均值为四百万页。其中1848年的出版册数虽然达到顶峰，但在页数上仅为平均值。1850年，书房出版书籍的页数总量出现大幅下跌，但很快回暖，之后便在小幅度波动中稳步上升，并于最后一年，即 1859 年达到高峰。

华花圣经书房从落成起便始终在编译出版上不遗余力。1859 年时任华花圣经书房主任的美国传教士姜别利（William Gamble）对中文活字规格进行改进，首创电镀中文字模印刷术，发明出"宋字"和"铅字"印刷，"大大提高了铅印书籍的生产效率，为书房后来的大量编译提供了物质保证"。到 1860 年，宁波华花圣经书房编译出版可考的书籍有 105 种。其中属于义、礼、史、诗的教育类书籍 86 种，占全部的 81%；属于语言、历史、地理、风俗、经济、天文、道德等方面的 20 种，占全部的 19%，在书房的笔耕不辍下，宁波的西学传播也达到了历史上的巅峰。

1860 年，为了谋求更高的发展，华花圣经书房迁入西学风气大盛之地上海，正式更名为美华书馆，在不妨碍传教的前提下编译出版西方科学书籍。搬迁后的书馆仍然由姜别利主持。在姜别利两项印刷发明的帮助下，书馆的业务获得很大提升，《康熙字典》里有的字书馆都有，《康熙字典》中没收录的字书馆也有。至 1863 年，美华书馆的年印刷量已经能够达到一千四百万张左右。当时美国传教士的翻译工作完成后大多由美华书馆印刷出版。其出版的新教书籍如《新约》《旧约》等，不但包含了中国译本，中国官话译本，上海与宁波方言译本，还包含英语原版，对有兴趣了解基督教的中国人来说，极大地方便了在译本上的选择。在印发宗教类书籍的同时，美华书馆还出版非宗教类书籍。

传教性书籍与非传教性书籍产量走势差别大主要受代印生意影响。虽作为基督教印刷出版机构，美华书馆主要负责教会代印任务，但在教会补助不足时，必须靠其他代印生意获得收入。1863 与 1864 年，姜别利专注于书馆内基督教书籍的出版和代印活动，因此这期间传教类书籍出现较平稳增长，非传教类书籍产量则相应减少。次年，美国小册会对上海布道站美华书馆的补助金额只有五百元，因此只能"以美华书馆代工印刷的部分盈余，补 1000 元用于印刷小册"。而此时中国社会洋务运动正开展的如火如荼，基督教类以外的书籍印刷需求量增大。因此，在这一年，传教性书籍产量出现大幅下降，非传教性书籍产量则相应上升。

美华书馆出版的非传教性书籍以语言文字类居多，占非传教性书籍总数的 27%，包括双语字典，如中西字典、日法字典和日英字典等。多国双语字典的编译打破了中、英两种出版语言的束缚，是美华书馆除传教性书籍出版以外的一大特色。此外，美华书馆的出版物，无论是传教性书籍还是非传教性书籍都以中英两种语言为主，内容包罗万象。教会用教科书类有《官话初学书》《官话文学书》《中西译语妙法》等，承印教会报刊类《万国公报》《中华医学杂志》等，出版西学西艺类书籍类《万国药方》《造洋饭书》等。此外，书馆热忱于为中国人普及英语知识，除出版传教士撰写的英语教育类书籍外，还曾于1879年出版上海广方言馆学生杨勋编写的英语入门书《英字指南》。谢红赍、蔡元培和周作人均拜此书为英语启蒙，《英字指南》也因成为晚清时期英语爱好者的必读书目而备受关注。

美华书馆的出版事业与传教士成立的翻译组织相辅相成，不但鼓励传教士群体深入翻译活动，还对翻译作品在当时社会上的传播起到推波助澜的作用，在规模上甚至超越了墨海书馆，"成为西方传教士在华开办的规模最大、设备最为齐全的出版印刷机构"。与此同时，美华书馆还聘中国人鲍哲才为印刷工人。鲍哲才之子鲍咸恩与鲍咸昌兄弟受父亲影响携张元济等人共同创办了中国历史最悠久的出版机构——商务印书馆，意味着美华书馆为中国现代出版业的开创培养了人才，打下了基础。美华书馆虽由传教士群体组织创办，主要出版传教书籍，但非传教性书籍的出版与代印工作在当时也是十分受欢迎的。莫说中国，在日本也是如此。其出版的《和英语林集成》在日本以每部12元的价格出售，而且购买者非常踊跃。从任何方面来说，美华书馆的出版事业都对英语在晚清时期中国的传播起到锦上添花的作用。

二、报刊出版与英语传播

1842年鸦片战争的爆发只是打破了中国一直以来闭关锁国的社会状态，并不能马上使中国人接受西方的一切，对中国人强行灌输宗教知识只会引发惨痛的教案。在与中国人有了一定的接触后，从马礼逊时期开始的英美传教士为了掩盖过于明显的传教目的，选择通过学习中国语言、开办学校、出版西学书籍等方式开启民智。在中国逐渐对外开放的同时，让中国人的思维也转投西方。他们期待用这种迂回、讨好、教化似的方法令中国人接受基督教，以协助英国政府将中国争取为自己的殖民地。因此，除了开办教会学校、组织翻译出版机构以外，创办报纸也成为传教士用来开启中国民智的传播路径之一。晚清社会由西方传教士主办的报刊主要分为中文报刊和英文报刊。两种类型报刊在中国的广泛发行使中国人对西方世界的了解不断加强，在助长晚清政府推行西学决心的同时利用报纸的舆论氛围让英语这门语言在社会上不休不竭地传播着。

（一）中文报刊

中国历史上最早的报纸——《邸报》出现于唐朝。作为政府控制的媒介，主要功能是记录、发布当朝之事，没有刊号，不面向大众。虽为现代报纸的雏形，但较现代报纸之模式相差甚远。《邸报》是世界最早的报纸之一，但实际上，"我国现代报纸之产生，均出自外人之手。最初为月刊，周刊次之，日刊又次之"。1815 年传教士创办于马六甲的《察世俗每月统计传》是英美传教士最早发行的中文报刊，内容以宗教为主，新闻为辅。"其创办意图不是为了影响南洋人，也不是仅仅为了影响南洋地区的华人，而是为了影响所有的中国人。"鸦片战争爆发前传教士发行的中文报刊，除《察世俗每月统计传》以外，还有《特选撮要每月纪传》《东西洋考每月统记传》《天下新闻》和《各国消息》，分别创建于巴达维亚、广州和马六甲市。与《察世俗每月统计传》和《特选撮要每月纪传》不同，后来发行的这三种报刊并非完全以宗教为主。其中，《东西洋考每月统记传》1833 年创办于广州。作为中国境内第一份中文报刊，它以宣扬西方文明为主，经常刊登全世界各个国家的历史、地理和科学研究情况。它背离了传教士办刊的初衷，也背离了《察世俗每月统记传》《特选撮要每月纪传》等报的办刊宗旨，由宗教宣传变成宣扬西方文明为主，标志了中国报刊创办进入近代化进程。

传教士创办的中文报刊善于在传播中结合儒家思想，时常以"子曰""诗云"开头，并引用中文经典典籍发表新闻和时评，以求同中国人达到共鸣。在当时，结合儒家思想进行评述只是他们的一种传播手段，并非真的信服，而是狭隘地认为"在中国文人主要从儒家学到的温文尔雅的外表下，几乎只有狡诈、愚昧、野蛮、粗野、傲慢，和对任何外国事物的根深蒂固的仇恨"。

鸦片战争后，传教士获得更多在中国活动的权限，所创报刊也逐渐增多，至 19 世纪 60 年代初，西方教会和外国传教士在中国创办的中文报刊达 32 家。

到 1890 年成倍增长至 76 家。鸦片战争爆发后出现的第一份中文期刊是《遐迩贯珍》，对近代中国影响较大的则是《万国公报》。

1.《遐迩贯珍》

《遐迩贯珍》于 1853 年在香港创刊，由麦华佗（Wlater Henry Medhurst）、希礼尔和理雅各先后担任主编。《遐迩贯珍》前后共出 33 期，主要刊登中外要闻，该报创办三年后停刊。鸦片战争爆发前后，中国涌现大批随夷船出国的人群。对此情况，林则徐曾上奏道："闽、广两省海口停泊夷船，往往收买内地年未及龄之幼孩，少者数十数百不等，多者竟至千余。其中男少女多，实堪骇异。"针对愈演愈烈的"西渡"潮，《遐迩贯珍》在创刊初期就翻译并刊载了对美国劳工情况进行介绍的文章《金山採金条规》，意图吸引中国底层民众的目光。此外，报刊每期刊登"近日杂报"专栏，专门译介各国要闻。与此同时，该报还连载《伊索寓言》。十九世纪来华传教士普遍认为"中国人能接受的是《伊索寓言》这种带有德育说教性质的短故事"。以《伊索寓言》作为吸引中国人了解西方的文引是受到传教士群体认可的。应该说，这份报刊为了吸引中国人阅读可谓绞尽脑汁，这也代表了英美传教士们明确、坚定的传播态度。

鸦片战争爆发后中国在华英美传教士群体虽然大量增多，但想让中国人马上接受西学和西方宗教却是不现实的。如前文所述，英美传教士出版的这份期刊多以新闻和教育故事为卖点吸引中国人的目光。虽然以中文作为主要内容，但从第二期开始，该报开始使用中英目录，发报日期更是以西洋历，即阳历为准，没有一味顺应中国人的习惯。实际上，《遐迩贯珍》是一份针对中国人阅读的月刊，但却不完全以中国人为阅读对象。此报每册定价 15 文，并非免费，但却被在华英商和教会购买后分发给中国人。因此，这份期刊实际上是与过去传教士所办的各报刊一样，免费送给中国人阅读的。此报具体发行量已不可考，但能够看出此报的阅读者既有英国人又有当地华人，由此可以推断其读者和受众范围还是很广的。在此基础上，对报刊内容感兴趣的中国读者便可借中英目录的对照了解一些西学专业术语的英译。《遐迩贯珍》刊登的文章类别多样，均附有英文目录，时而选择已在中国出版的西学书籍作为连载，进一步加强了英语及西学的传播。《遐迩贯珍》是中文报刊，但创办者为西方传教士，因此在语言与翻译方面势必会寻求中国人的帮助。曾协助西方传教士在《遐迩

《遐迩贯珍》上翻译和撰写中文文章的中国人主要有王韬与黄胜。王韬负责帮助稿件润色，甚至有时亲自执笔。黄胜则基于马礼逊学院毕业的良好英文功底担任《遐迩贯珍》的英文翻译，后负责与英国商户洽谈并进行广告招商。在《遐迩贯珍》工作期间的二人英文水平都备受磨炼。王韬同时受雇于墨海书馆，后由于出色的个人能力前往英国演讲，是在英国牛津大学演讲的第一位中国人。黄胜在结束《遐迩贯珍》的工作后因中英语言能力突出被聘为上海广方言馆的教习。

《遐迩贯珍》虽然只办了 3 年，但作为鸦片战争后传教士创办的第一份中文期刊，其免费发放给中国人的行为为报刊奠定了群众基础。在此基础上，报刊迎合鸦片战争后剧变的社会环境，或连载西学书籍，或介绍西方政治、经济、文化，引导强化西学、学习英语的舆论，增强了西学的传入，同时列出中英文目录，加强了中国人对英语的认识。其雇佣的中国人在工作期间英语和中文能力均得到锻炼，后期分别在其他领域活跃着，继续影响着一批又一批中国人。

2.《万国公报》

1868 年，美国监理会传教士林乐知在上海创办《中国教会新报》，是《万国公报》的前身。首刊即阐释办报目的："中国教友虽多散处四方，往还匪易，欲通一信，每虑邮传迟滞，又或浮沉，复虑教会人多，不能遍给，法之至善，莫若新报，新报印出，无分远近，俱可周知。"由此可见，《中国教会新报》的创办主要为联络教徒之间的感情，传递最新的教会精神。因此，报纸上主要刊登教会动态，少量刊载世俗信息和科技知识。但随着西学在中国的盛行，报刊上的宗教知识越来越少，社会信息反而越来越多。

《万国公报》的宗旨与其前身《中国教会新报》全然不同，普泰西之学，记政要之闻才是此报的主要目的。1883 年《万国公报》由于经济原因停刊，后由英美人士组成的广学会于 1889 年复刊，中文名仍为《万国公报》，但英文名变为 *A Review of the Times*。前文提及的报刊《遐迩贯珍》仅办 3 年，发行量已不可考，但《万国公报》发行量却很大，至 1898 年已发行 38400 份，居当时发行的各种刊物之首，其影响上至皇帝、军机大臣，下至普通知识分子。《万国公报》自复刊后在中国的影响力日盛，读者群范围极广，对中国晚清社会有一定影响力。

作为影响最为深远的近代中文报纸，《万国公报》同《遐迩贯珍》类似，首页或尾页附有中英目录，这也是近代英美传教士创办中文报刊的一大特点。此外，《万国公报》还是英美传教士传播西方言论的大本营，其中针对英语进行评述和探讨的文章不少。1880年《万国公报》第587期各国近事一栏刊载了一则关于不知何地而来的乞丐只会说英语的轶事；1881年第651期指出英语是欧洲最多人学习的语言，因"格物功夫皆英所著，故英语英文最为有益"；1892年第37期登载了关于皇上学习英文的新闻，对其学习英文的行为大加赞赏，称赞其为"有心人"，颂扬英文为"有益民生"之学；1902年第57期，林乐知在介绍德国新闻时提到各国邮递信件总数以英语写成的最多，"英文之通行在西方各国中共占有三分之二矣"。强调了英语在西方世界的重要性。隔年，林乐知又在《万国公报》上谈及英语。他首先肯定了英语在全球盛行的情况，随后提出中国教育发展滞后与语言不统一有很大关系，因此，他建议"公学之内，概习英文"，通过教育普及英文，这样更有助于中国的发展。

梁启超曾说："学校者筑智识之基础，养具体之人物者也；报馆者作世界之动力，养普通之人物者也；著书者规久远明全义者也，报馆者救一时明一义者也。"揭示了报刊的传播效果虽为一时，但受众范围较教育和译著相比更广，更容易在社会上造成即时影响。《万国公报》发行量越大，对中国的影响就越大，其办刊的几十年来，传教士针对英语发表的文章包括国内英语轶事、英语国际地位、英语教育评论等，无一不强调了英语的重要性。可以说，《万国公报》同其他西方人创办的近代报纸一样，作为英美传教士的喉舌，加深了英语在晚清社会中的影响力，是英语传播路径中不容忽视的一环。

(二) 英文报刊

近代来华传教士推动了中国报刊业的发展，其创办的中文报刊在为中国近代报业提供借鉴的同时，一定程度上影响了近代中国社会。然而，作为在华"异客"，英美传教士自认为的文化优越性却很难帮助他们真正地融入中国。对他们来说，与本族在华群体之间的联系显得十分必要，而英文报刊则是本种族在华群体之间联系、沟通的重要渠道。鸦片战争爆发前后到辛亥革命这一阶段，在华创办的报刊大多为西方人所办，西方人创办的报刊以外文报刊占绝大多数，而近代在华西方人出版的外文报刊又以英文报刊占绝大多数。

笔者查阅相关资料发现，近代中国几乎每年都会出现一份西方人创办的英刊。从第一份在华出版的英文报刊 *The Canton Register*，即《广州记录报》开始至 1842 年鸦片战争爆发，西方人在华办的英文报刊 8 种，出版地限于广州、澳门、香港。鸦片战争爆发至辛亥革命期间西方人在华办的英文报刊达 63 种，出版地增多。

1842 年以后广州和澳门已不再是主要的出版地。香港虽然没有跌出榜单，但仅占比 30%，不敌占比 47% 的上海地区。后期更是出现天津、山东等偏北地区。可见，鸦片战争爆发后的英文报刊创办地最早集中于香港，后集中于上海、汉口、天津、北京等地，打破围绕通商口岸的规律，逐渐呈现出由南向北的趋势。这一转变使英文报刊发行范围增大、受众人群变广，更利于传播。

在众多英文刊物中还存在一类中英文并存的报刊。如 1828 年和 1833 年澳门出版的《依泾杂说》(英译未知)、《澳门杂文篇》内容均为中英对照，在方便中西方读者阅读的同时有助于加深对彼此语言的了解。报刊发行中英两版的有海关税务司德崔琳（Detring Gustav von）1886 年在天津创办的《时报》和佚名于 1900 年创办于北京的《支那泰晤士报》，其中《时报》除了时事新闻外还偶有刊载关于京剧、戏曲等国粹动态的介绍。中英两版的发行为介绍国粹艺术到西方世界提供了便利。西方人在华创办英刊种类繁多，虽不局限于传教内容，但大多由来自英美的传教士创办，其中影响最大的是裨治文于广州创办的《中国丛报》(*The Chinese Repository*)。

虽然中国在鸦片战争前就已经出现英刊，但无论在数量还是质量上都差强人意。彼时来华的传教士不但对中国社会了解不多，而且说不好中文，传教事业和办报事业都遭到一定阻碍。1832 年，熟悉中文的传教士裨治文意图将自己对中国的了解传递给其他西方教徒好改变这一现状。他得到马礼逊支持，于广州创办起《中国丛报》。该报的主要撰稿人为传教士群体，其中马礼逊撰文 91 篇，马礼逊的儿子马儒翰撰文 80 万篇，郭实腊撰 51 篇，裨治文撰文 350 篇，卫三畏撰文 114 篇。虽然主要撰稿人均为传教士，但《中国丛报》却并不是一份宗教性质浓厚的报刊，而是记载了鸦片战争前后 20 年中国的社会风貌、政治舆情与文化地理等内容，为当时在华西人乃至英国和美国提供了大量有关中国的情报，是使西方人系统地接触到中国文化的第一份期刊。

在《中国丛报》的所有文章中，有关社会及语言的论述最多，其中不乏与英语相关的评论。创办初期便刊文强调英语在中国传播的重要性，认为"英语能够为中国本地年轻人打开新世界的大门"，并陆续对《英华韵府历阶》等书进行介绍，并刊登中国诗书英译来探讨中英语言的差别。在鸦片战争爆发前夕，《中国丛报》对广东地带中国人学英语的现象进行了探讨，认为"中国人开始了解学习英语带来的好处"。编纂英语学习书可以帮助他们更好地了解英语，了解西方社会，甚至许多本地商人也得以说一口正宗英语。"因为他们从出版的语法书和字典中能够了解英语习语的用法。"

英文报纸如《中国丛报》主要为针对在华外国群体出版的读物，其刊登的种种论调极大地影响了在华外国人对英语传播的态度，侧面促使在华外国人从出版的角度加速英语的在华传播，也刺激了其他英文报纸对英语语言的关注。《教务杂志》1897年三月刊表示"当下趋势告诉我们应尽快在各个机构开展英语教学"。紧接着又在六月刊评论道："以英语或翻译材料为途径汲取全世界知识文化的中国人当之无愧为'革命的先锋''中国的曙光'，极度渲染了掌握英语的重要性。大量英文报纸的创办不但增强了英语传播舆论，还为中国增加了除教育、翻译出版以为另一条学习英语的途径。当时的中国人当中开始流传一句话：'学英语，好发财'，越来越多的中国人读英文报纸。"

第五节　传教士主导的英语传播的文化特征

传播就是传递过程，内容是信息，目的是进行信息传递。传递过程包含信息发出者、媒介与信息接收者，其实质是三者间信息的交换与反馈。晚清时期，英语在中国最初通过传教士传教、宣扬西学等活动进行传播，其中传教士是传播者，信息内容是基督教义和西学，接收者是晚清时期中国人。在这个过程中，英语这门语言是附含的传播信息，根据活动的不同而展现了极具文化性的传播特征。

一、双向语言文化传播

21世纪的语言教学除了面对面讲授外，还增加以"网络"作为媒介的授课模式。然而，在19世纪的中国，学校却是承载教育事业的唯一机构，学校内的知识讲授全部采取教师与学生面对面的模式。因此，对于19世纪学校的英语传播来说，"双向式"是一种突出而又直接的传播方式。

1954年施拉姆（Wilbur L.Schramm）在奥斯古德（Charles E.Osgood）原有理论的基础上，提出新的奥斯古德——施拉姆循环模式。奥斯古德——施拉姆循环模式是控制论模式的代表，认为在传播过程中传播者具有三重身份，即"编码者（encoder）""释码者（interpreter）""译码者（decoder）"。同样，信息接收者也同时具备这三种相应的身份。

在整个奥斯古德——施拉姆循环互动模式中，"编码即将含义转换为可以传播的讯息，这个环节在传播中极其重要"。而受者与传者之间的身份互通标志着两者之间具备信息的相互"反馈"，"突出了传播过程的双向循环性"。晚清早期英语教育具备面对面的授课活动便具备这一"双向式"特点，主要体现为教会学校英语教育和民间培训机构的英语教育。对教会学校来说，教学传播主要在两类群体，即教师与学生之间发生。在教学活动中，传教士会根据所学对要传播的内容进行"编码"。如马礼逊曾编纂第一本汉英对照字典《华英字典》，将中英文词汇重新进行汇总与编排，并用作课堂教学用书，这是编码的体现之一。教师在上课的同时会对教材内容进行熟悉，这是"释码"的过程。通过教师的讲授，编码内容获得解释，是最终"译码"的过程。此外，对于部分专注于办学的传教士来说，课程的设置也是一种"编码"模式。也就是说，教师的"编码"行为不仅仅局限于具体活动，教会学校内的"译码"，即授课相关的行为都可以被看作是"编码"。"讯息"表示"译码"的具体信息，主要指与英语相关的内容，包括西学西艺等。

在这种教会学校教师主导的"编码""释码"与"译码"过程中，"讯息"以英语为传播内容，在面对面的情况下被讲授给在校生，不但能够即刻增强学生对英语相关领域知识的理解，同时可以迅速得到反馈（feedback）。学生在课堂听课的同时接收到"讯息"，并即时加以处理，通过语言提问或沟通反馈给教师。如马礼逊学堂在课上采用一种在宽松的、饱含家庭式氛围中学习的教学方法，圣约翰大学则严格要求学生在上课时只能使用英语来回答老师的提问，练习题也要用英语完成。即使没有开设英语课的登州文会馆也通过实验课带动学生动手能力，与学生产生互动，使学生了解西方科学，潜在地推动了英语传播。

除了上课外，学生还有充足的课余活动时间。学生在课余时间里或与同学沟通，或与教师沟通，加强了对课上接受"讯息"的巩固。依据施拉姆的传播观，这种课下面对面的谈话或玩耍仍可被看作一种"双向式"交流。

依据奥斯古德——施拉姆循环互动模式和教会学校固有特点上总结出的"双向式"传播模式。"讯息"代表与英语相关的传播内容。

与课堂上的活动相比，课下对讯息的处理显得更加随意。学生与学生、老师与学生之间处于互相交流的状态，如英华书院包含中国学生与欧洲学生，课下中欧学生之间难免会有交谈，这种交谈仍能够以"英语"作为讯息在学生间进行输出与反馈。圣约翰大学甚至要求师生在课下的交流中禁止使用中文，只能使用英语，并鼓励学生们参加各种课下活动，模仿西方习俗和礼节，力求"在校园内创造一种身临外国的气氛"。

综合来看，教会学校的英语传播具备"双向式"特点，主要分为课上与课下两种传播方式。课上主要为教师与中国学生之间的教学与教学反馈，这一模式有明确的讯息传播方式，并带有强制性讯息输出特点，方便教师直接从学生那里得到教学反馈，有助于"讯息"的传播评估。在课下，教师、学生之间处于一种更加轻松、随意的交流与交流反馈之中，能够使学生更加熟练运用已学到的知识。

教会学校中与英语传播相关的"讯息"接收者主要为中国学生。对他们来说，课上进行学习，课下通过交流与交流反馈实现"讯息"巩固，并继续在课上进行巩固。同时获取新的"讯息"，最终整个教会学校的内容在课上与课下中无限循环，以此强化"讯息"，巩固所学。

教会学校中的英语传播模式强调人际面对面交流，整个学校教育可以被看作一个封闭式的系统，学生与教师在面对面中实现讯息的巩固与学习。在这个过程中，传教士教师不断根据学生的反馈磨炼输出技能，提升英语传播技巧与水平。学生则通过在校期间课上课下无限循环来实现对英语这门语言及相关知识的掌握，在走出校门后仍可以通过工作、交流等将英语语言带入晚清社会。双向式的传播要求以人际传播为基础来进行面对面交流以获取反馈，但无法进行远距离广泛传播，因此受众有限。尽管如此，教会学校还是依据"双向式"传播特点提升了西方在晚清社会的影响力。同时，教会学校作为"双向式"传播方式的载体，推动了英语在晚清社会的传播。

二、群体性书面语传播

"群体"被定义为"两个或两个以上的人，为了达到共同的目标，以一定的方式联系在一起进行活动的人群"。可见群体有其自身的特点：成员有共同的目标成员对群体有认同感和归属感；群体内有结构，有共同的价值观等，是公司属性或小范围的集合概念。而在社会学的词汇中，群体一词指的是"一群拥有类似规范，价值观以及期望，并且彼此互动的人"，是泛社会的整体集合与并列。本研究所采用的是社会学下"群体"这一覆盖更广的概念。在社会层面，由人与人组成的不同群体扮演着极其重要的角色，社会之间的互动都与群体有关，包含群体的参与并在不同的群体之间发生。跨文化传播顾名思义包含两种及以上不同文化的传播，多指不同种族、族群、国际间与群体之间的传播，指处于不同文化环境与不同文化背景的社会成员之间的交流与互动，代表不同文化背景下社会成员之间的信息传播和人际交往，也涉及不同种类文化在全球社会中互相共享、流动、浸润与迁移的一种过程。群体是跨文化传播的一个方面，但并不等同于群体性跨文化传播，群体性跨文化传播是本书作者基于晚清时期传教士主导传播特征在群体与跨文化传播的概念基础上总结出来的。

基督教是欧美各国的主要宗教，是欧美文化的组成部分。同时，"每个文化内部都有一个与主导文化相联系的主导群体（dominant group）"。对欧美基督教文化来说，传教士就是主导群体。晚清时期来华的传教士作为基督教主导群体进行活动，其活动的受众为中国人，传播内容以西方科学技术为主，因此具有跨文化特点。晚清时期中国大门半启，民智未开，蓝眼睛、白皮肤的外国人还无法得到中国人完全信任，此时的传播活动主要依靠语言完成。语言包含"独白"（monologue language）"对话"（dialogue language）"内部语言"（inner language）与"书面语"（writing language）等形式，其中"书面语"

代表了大众传播的主要形式，即印刷出版文字，包括书籍、报刊、杂志等，也是晚清时期传教士群体除教育以外使用的另一主要传播手段。

早在利玛窦来华时就已指出利用西方科学传教的必要性。他认为："传道必是获华人之尊敬，最善之法，莫若渐以学术收揽人心，人心即附，信仰必定随之。"继其之后到来的传教士群体深谙其道，晚清社会掀起的洋务运动浪潮也为这一传教手段提供了方便，种种促使报刊与书籍的翻译出版成为传达西方精神的重要媒介。值得一提的是，传教士在进行传播活动时十分注重对中国语言的学习。在著名的美国传教士卫三畏眼里，"造成中国人和外国人之间相互憎恶和摩擦的原因，是他们无法理解对方的语言和愿望"。既然这个国家的大门已经敞开，他更有理由为消除这种由于无知而造成的恶果而更加热情地工作。因此，除了管理教会学校，他还刻苦学习中文并印刷了大量关于学习中文、介绍中国情况的书籍。如多达300页，语法教科书般的书籍《拾级大成》《中国商业指南》及五百余页的《英华韵府历阶》。

《英华韵府历阶》属于"官话英汉字典"。晚清时期有关"中文辞典"类的出版不仅有传教士卫三畏，还包括裨治文、麦都思等。列出的有些是口语词字典，如《英华学生口语手册》《汉英对话、问答与例句》。有的是方言字典，如《汉英潮州土话字汇》《广东方言中文文选》，甚至还有专门的教材，如《英文——马来文——中文词典》。说明来华传教士深知语言是学习的基础。因此，他们在出版正式书籍前都选择先把字典作为参考书。有趣的是这些字典均出版自华人众多的新加坡等地。而且，从出版年来看，正是鸦片战争发生前后，即中国闭关锁国最严重时期。这一时期传教士无法在大陆本地展开活动，只能从大陆周边开始，而这些字典不但能够帮助沿海地区的中西贸易沟通，还方便以后的来华传教士了解中文。可以说，这些字典类中国书籍的出版使远在西方的传教士和商人在来到晚清中国前便能够熟悉这个国家，甚至能够吸引更多的外国人来到中国。传播的作用是相互的，群体间跨文化的传播也是相互的，因此，晚清时期传教士书籍的出版也使中英的一些对话有了除"洋泾浜"以外更标准的表达方式，对学习英语的中国人来说也是一件好事。

除了书籍出版外，报纸印刷业这一行也能寻到传教士的踪影。1890年传教士李提摩太曾受李鸿章邀请，出任《天津日报》的主笔人，并于1891年成为广学会总办，办有《万国公报》等影响较大的报纸并出版书籍130余种，在晚清乃至民国，对中国人了解世界起到了举足轻重的作用。中国人也是通过李提摩太及《万国公报》，第一次知道马克思、《资本论》与社会主义。晚清传教士的出版事业不仅仅局限于文化思想与知识介绍层面，还有其他更加专业性的出版物。晚清时期，美国的传教医生嘉约翰由于职业的特殊性，开办了中国最早的教会医院——博济医院。与其他医院不同的是，博济医院的病人会被要求参加祷告，医生还会分发有关基督教新教内容的小册子给病人看，当时各地针对传教士的教案频发导致来教会医院求诊的病人越来越少。为了提高中国人对西方医学的认识，嘉约翰在出版写作医学书籍方面始终笔耕不辍。1859~1899年间，嘉约翰出版的医学相关书籍约13本，其中有如《外科手术手册》《内科全书》等普及西医知识的书，也有如《实用化学》《病症名目》等专供医学生的专业教材。这些教材多在著名医学家黄宽的帮助下以中文写成，其特殊医学词汇的翻译更是经过仔细斟酌与校对。

19世纪80年代后期，嘉约翰还创办《博医会报》，并以中、英两版印刷，作为19世纪末在中国出版的唯一西医学的学术期刊，《博医会报》对于了解中国当时的疾病分布与教会传教医生的活动有重大意义，是极具影响与价值的医学历史文献。晚清来华传教士群体在"书面语"传播方面均有不同建树，不但出版了许多自己编写的图书，还涉猎翻译，将国外各学科的经典著作翻译成中文。传教士丁韪良曾翻译美国国际法专家惠顿的书籍，译作《万国公法》，将全新的国际法公约概念带给清朝官府和通商口岸的官员。之后在他同文馆工作期间与他人合作，陆续译著出了更多国际法书籍。

从马礼逊开始，西方传教士入华后留下的中文书籍有上千本，大多为传教士翻译或出版有关西方文化的书籍，许多已经踪迹难觅。还有一部分是对中国典籍的翻译，如英国传教士理雅各曾将《论语》等代表中国思想的传统著作译作英文，介绍到西方世界，至今仍畅销海内外。晚清时期传教士的此类活动不胜枚举，"书面语"模式为群体间跨文化传播提供了方便。中国人在接触到西方内容书籍后深感大开眼界，进而对西方文化备感兴趣。同时，中国人逐渐意识到，想获取更多的西学知识仅仅通过传教士是不够的，学习西方语言是掌握更多西方科学技术知识的重要基础。因此，英语语言也借助着"群体性跨文化书面语"模式在中国的晚清社会传播开来。清朝的杰出官员曾纪泽曾在没有教师的情况下仅借助一本《圣经》、一本《韦氏大词典》、一本华兹（Watts）的作品、一本《赞美诗选》和一些习字本，花费了3年时间努力自学英语，最终可以生动流畅地用英文进行诗歌创作。而中文典籍被译介到西方后，同样能够使西方接触到新的文化和思想，使其对中国有更多的了解并吸引更多西方世界的人来到中国，继续在中国社会上开展活动，而说英语人群的增多意味更多中国人要与英语打交道，必然使英语的传播加快。综上所述，以印刷类传播媒介为主的传播活动分为两种情况：一是传教士群体对西方受众；二是传教士群体对中国受众。

"书面语"模式包括一切印刷类传播媒介。其中，传教士群体针对西方读者与中国读者群体使用"书面语"模式进行跨文化输出。晚清时期主要类别为报刊、杂志与书籍的出版和翻译。这时期传教士群体以印刷物为媒介的"书面语"传播活动对当时社会的开化作用不言而喻。在以群体性跨文化书面语为特点的传播过程中，受众的范围变大，传播内容增强，使英语这门语言作为文化的载体，在以跨文化为模式的传播中自然地生成一种良性循环。

第五章　晚清时期英语教学发展

第一节　学校英语教学观念的变化

一、教会学校英语教学问题的全面争论

晚清学校英语教学从无到有、从纯语言教学到用语言教学科学的发展并不是一帆风顺的，而是经历了一个英语教学思想观念的变化、发展过程。

英语教学在鸦片战争前就引入了教会学校，当时开设英语课程并用英语教授西学是传教士为了吸引学生而采取的一项措施。鸦片战争后，由于中外交往日渐重要，英语开始具有商业价值，通商口岸城市的教会学校开始开设英文书信、中英文翻译、司帐薄事、地理、算法等英语课程。虽然当时开设英语课程的教会学校不多，却引起教会学校英语教学问题的争论。

(一) 全面争论的过程

美国长老会 1845 年在宁波创办崇信义塾，就对开设英语课程提出了争论。教授英语成为一个有争议的问题。因为多年来这一问题一直处于实验阶段，许多人认为学英语是费用高昂而且危险的奢侈行为，但也有一些传教士认为在没有更多的书译成中文之前，学习英文是绝对必要的。1865 年上海英华书院开设英语课程，不久就由于开设英语课程和"所学习的宗教信条，必须同英国教会的教义相一致"的办学方针不符，而遭到董事会的反对和其他传教士的指责。1877 年前，教会学校开设英语课程只是处在尝试阶段，对是否开设英语课程的争论也只是零星的。当传教士提出兴办教育的主张后，对教会学校是否开设英语课程，是否用英语教学的全面争论随之到来。

在 1877 年传教士第一次大会上，狄考文除提出教会应该兴办教会教育外，还提出了教会学校应该用汉语教学的主张。由于与会者大多为传教布道者，开设英语课程的教会学校数量也有限，所以狄考文提出的教学语言问题没有引起与会者足够的重视，但对教会学校教学语言问题的全面争论便由此开始。1881 年，美国长老会（Presbyterian Mission）传教士香便文（B.C.Henry）首先在《教务杂志》（the Chinese Recorder）上发表文章，主张传教士应尽快满足中国社会对英语人才的需求，开设英语课程，实施英语教学。1886 年，《教务杂志》再次发表美国美以美会（Methodist Episcopal Church）传教士库思非（C.F. Kupfer）的文章，认为中国社会正迫切需要英语和技术人才，传教士应该尽可能地教授英语和科学，以便使教会学校的学生在将来的工作岗位上具有竞争力。库思非的观点得到了美国公理会传教士和约瑟（J.E.Walker）的赞同。美国公理会的另一位传教士丁家立（C.D. Tenney）和监理会（Methodist Episcopal Church, South）的李安德牧师（L. WPilcher）也于 1889 年发表文章，强调英语教学的重要性。他们认为，"科学教育是西方教育的肥肉（Meat），如果脱离英语教学，科学教育不可能实现"。库思非、丁家立和李安德等教育传教士关于英语教学重要性的观点出现在教会重要刊物上，揭开了传教士关于教会学校英语教学问题全面争论的序幕。

教会学校是否应开设英语课程争论的高潮发生在 1890 年的传教士第二次全国代表大会上。狄考文在会上发表《怎样使教育工作最好地促进中国的基督教事业》的文章，提出教会学校必须使用汉语教学的观点，激起了传教士对教会学校是否开设英语课程、是否进行英语教学的正面交锋。狄考文竭力反对教会学校开设英语课程的理由归纳起来主要有两点：其一，如果开设英语课程，学校很难完成培养对教会有用人才的目标。学生一旦掌握了一定的英语，就有了谋生的本钱。"他们付完费用后，就可以自由地离开，并由于英语而找到报酬颇丰的工作。要他们用英语学习科学成为空想，这些人只知道追求优裕的生活，享受荣华富贵"。由于"宗教对其人格没有形成任何影响"这些人对于基督教事业没有任何好处；其二，如果用英语教学，必定会影响学校的中文教学质量，因为中文学习本身需要比较长的时间，同时学习两种语言，那肯定一种语言也学不好。一个连中文都说不好的中国人，对基督教在华传教事业是严重的障碍，"一个中国的布道者，不管他其他方面成就如何，只要本国语言不过关，他就不会成为具有广泛的社会影响的人、不会用中文表达西学，从而丧失民族的资格"。

监理会和美以美会的传教士们与狄考文针锋相对，主张教会学校应该开设英语课程，用英语教学。福州美以美会传教士李承恩（Nathan J Plumb）说他本人也曾认为中文是最好的教学语言，但是，现在他的观点改变了。因为，"中文表达科学思想的术语缺乏，也不统一，用英语对教师和学生掌握和学习其他课程都极为有用，可以拓宽学生的思维、促进科学研究，彻底了解文学、科学、历史、神学知识。"李承恩还举例回击了狄考文反对英语教学的观点。"几年前，福州教会的一位牧师被邀请到领事馆工作，报酬是每月50元，但是他拒绝了，他宁愿留在教会，领受每月3元的报酬。"福州鹤龄英华书院英文教习力为廉（W.H.Lacy）更以英华书院开展英语教学所取得的成就将狄考文主张用汉语教学的理由逐条进行反驳。对于狄考文"为了使教徒、非教徒把孩子送入学校，必须使用汉语教学的观点"，力为廉回答，"要使教徒、非教徒把子女送到教会学校，在福州，只能用英语教学，人们需要英语，我们必须满足这种需要，否则，就允许他们到非上帝的学校去接受教育"。针对狄考文"用中文进行高等教育会使学生留下来，因此，我们最好给他们这样的教育，如果教英语会使学生一二年后就离开我们，我们最好不裁英语"的言论，力为廉说，"在福州，用英语教学是最好的办法，在校的学生已经有十年、九年、八年、七年、六年等，他们还没有离开的迹象，而且自己支付所有的开支"。

狄考文反对英语教学的另外一条理由是：学生学习英语一、二年后就离开，没法用英语教授科学和基督教。力为廉根据福州英华书院的实峰情况进行了反驳，"我们没有发现教两三年的英语就能使学生满足。现在的福州英华书院，已经用英语开设英语语言、几何、三角几何、平面和球面、测绘、天文、物理、植物、地质、化学、生理，并准备用英语教授医学"等课程。英华书院教授英语后，宗教教育没有受到任何影响。福州英华书院"不但名义上是基督教，效果上也是基督教"。力为廉认为，"最好的教学用语就是那些能吸引学生的语言，对他们来说就是英语，福州英华书院的学生知识增长的同时，基督教思想也在增长。我坚信，在上帝的引导下，用英语教学这项工作具有广阔的前景。"监理会上海中西书院的冯昌黎则认为，狄考文反对英语教学的理由对监理会上海中西书院来说正好是支持教学英语的理由。

1890 年传教士大会结束后，传教士们达成了倾向性意见，即在有利于传播基督教思想的前提下，教会学校可以开设英语课程。从此，赞成用英语教学的传教士越来越多。有的传教士甚至主张教会学校不但应该开设英语课程，更应该用英语作为教会学校的教学语言。

在 1893 年"中国教育会"第一届年会上，德国传教士花之安（E.Faber）发表《中国基督教教育面临的问题》的文章，将教会学校必须采用英语教学的重要性绝对化。他说："虽然英语教学对传教没有直接帮助，但中国人学习英语越多，对中国本身以及中国与西方的交往越有好处。英语教学可以作为中文教学的一个分支，但这是在政府官立学校的事情。如果（在教会学校）有西方人监督而完善地教授英语，那么汉语教学就必须从属于英语，让位于英语。中文语言虽然正在发展，但用它准确表达科学思想，仍需几百年的时间。翻译问题不完全在于翻译者，而在于翻译的语言。任何没有产生在思想里的东西不可能出现在语言中。因此，如果我们要能用汉语翻译，我们仍必须等待汉语的发展。这种发展是中国人的事情，我们必须用目前的英语来教授科学知识。最后花之安断言英语要成为东方的语言，教授完全的科学知识只能用英语。"

到 1896 年"中国教育会"第二届年会，对教会学校是否开设英语课程的争论已基本平息。美以美会传教士、任北京汇文书院文科教习的何德兰（Issac T·Headland）发表《目前是否值得用教会资金教授英语》，提出用英语教学的六大理由，即："有利于培养不同类型的毕业生""有助于扩大教会的影响""有利于考验毕业生对教会是否忠诚""有利于更彻底地理解《圣经》，便于布道"，"有利于培养教徒教师"和"教授英语的成功做法，促使了差会的团结"。美国圣公会的卜舫济也提出了用英语教学的六条好处："用英语教学科学是最好的方式""中国政府对英语已经许可""可以避免模棱两可的专业术语""跟上世界其他科学的发展""翻译太烦琐，也跟不上形势"和"中国人的思想平庸、中国文化已经到达顶峰、不可能用中文教授科学"。因此，传教士必须"充分认识到英语在中国复兴中的地位、必须抓住机遇，在所有中国改革中走在前列。"传教士必须"充分认识到英语教学的重要性，必须将英语教学和传播基督教思想的重要性联系在一起，做到哪里在使用英语，哪里就有基督教"。

在 1896 "中国教育会"第二届年会关于教会学校英语教学问题的讨论中，多数人强调教会学校实施英语教学的好处和必要性，反对教会学校开设英语课程的意见不多。因此可以说，传教士关于教会学校是否开设英语课程，是否用英语教学的争论以正方的胜出而暂告一段落。到 1905 中国教育会第五届年会，又有 9 篇文章讨论医学教育中的英语教学问题。由于教育传教士对教会学校是否开设英语课程的争论已经告一段落，对教会医学院教学用语进行大规模的争论已经没有多大意义和必要，医学传教士对医学教学用语的讨论在一片赞成声中结束。

(二) 全面争论的特点

传教士关于教会学校是否开设英语课争论的特点之一就是争论的时间长，超过了传教士对任何教会问题的讨论，当然也超过传教士对最重要的教育问题的讨论。传教士确定教会教育为教会工作重要内容，用了 17 年时间（1860~1877 年）。传教士确定教会教育要大力创办高等教育的方针，大约用了 13 年时间（1877~1890 年）。而传教士关于教会学校英语教学的争论，时间则要长得多。

关于教会学校教学语言的分歧早就开始，只是没有在理论上提出罢了。早期的典型例子就是英国圣公会建立的上海英华书院。1865 年，英华书院董事会认识到英语将会非常有用，将具有商业价值，决定认真教授。但不久，控制英华书院董事会的英国圣公会就强迫传教士教育家傅兰雅减少英语课程，增加中文和宗教课程的内容，圣公会的其他传教士也给予傅兰雅很大的压力。由于违背自己的教育意愿，傅兰雅只得于 1868 年辞去英华书院校长的职务。

从 1877 年传教士大会开始，关于教会学校英语教学问题在理论上的争论正式开始，到 1890 年传教士第二次大会期间达到顶峰，会后达成倾向性意见。1896 年 "中国教育会"第二届年会，这一争论以正方的胜出暂时告一段落。如果从 1877 年算起，用了 20 年时间。如果把 1905 年 "中国教育会"第五届年会关于教会医学院的教学语言问题的讨论计算在内，前后历经 29 年。

特点之二就是影响大。在中国基督教教育史上，1877 年和 1890 年两次传教士大会占有重要的地位。这两次传教士大会除了确定教育为传教重要内容、成立学校教科书委员会和确定创办高等教育、成立"中国教育会"等重大事项外，最重要的就是教会学校教学语言的争论。可以说，传教士对教会学校教学语言问题十分重视，以至于这一争论涉及与会的所有传教士，无疑对传教士所代表教派的教学用语方针政策的确定和调整都产生了深远的影响。经过激烈的争论，原来开设英语课程的教会学校进一步将英语作为教授数学和自然科学的用语，如上海中西书院、福州英华书院、广州岭南学院、北京汇文书院等，上海圣约翰书院更成了19世纪中国教授英语最彻底的地方。原来反对教授英语的差会，逐步调整自己的政策，逐步开设英语课程。如华中差会（在宁波、杭州、上海和苏州）的长老会组成，后又称华东差会（East China Mission））、在1884年时，不鼓励在其所辖的教会学校教授英语。认为"过去的工作并不令人满意，中国人学英语无一例外都是为了挣更多的钱，英语永远不会成为中国的语言"。然而，到了1897年，长老会育英义塾改为书院，规定学制为六年，虽然授课不用英语，但英语已经作为一门课程来讲授，并为只想学英语的人另外开了一个班，共招收了15名学生。即使是最强硬的反对派狄考文，态度也开始软化。在1877年和1890年的两次传教士大会上，狄考文坚决反对英语教学。但到1896年的"中国教育会"第二届年会，狄考文说："我不是无条件地反对英语教学，我赞成英语教学带来的好处，在某些情况下，我绝不反对英语教学。"1907年，狄考文本人在山东登州创办的文会馆（Tengchow College）批准开设英语课程，虽然附带了条件。由此可见传教士关于英语教学的争论对教会学校开展英语教学的影响。

特点之三就是范围广。传教士关于英语教学的争论涉及所有在华基督教教派，直接参加争论的就涉及长老会、圣公会、监理会、美以美会、公理会等在华主要差会。不但在中国的外国传教士直接参加争论，在其他国家传教的传教士和中国的基督教徒也参加了争论。如1886~1895年在朝鲜传教的美以美会传教士、曾任福州英华书院第一任校长的武林吉（F. Ohlinger），在1890年的传教士大会上，对教会学校将教学语言局限在汉语上感到非常惊讶，他对教会学校必须采用英语教学作了形象的比喻，"英语学习就好象在广阔的海洋上，航行着各种船只，又有谁会因为太平洋上航行着海盗船、商船和战舰而不在太平洋上航行呢？如果我们能的话，我们也不会这么做。就英语教学而言，如果我们想的话，也不能这么做。"中国基督教徒、上海圣约翰书院院监颜永京参加了1896年"中国教育会"第二届年会关于教会学校英语教学问题的争论，他根据切身经历说："在圣约翰书院早年，而事实上，我们所有其他学校早期，英语课尚未开设时，来读书的只有那些出身贫寒的子弟，他们来校是受到免费伙食、衣服和学费的引诱。而当开设英语课时，社会上层的子弟来了，这一点，现任校长卜舫济也很清楚。据我所知，目前所有不开设英语课程的学校都面临着圣约翰书院早年的困境。通过英语教学，教会可以抓住大好时机向学生传授基督教教义，在其他情况下，这是不可能做到的。因此，他们只能接受大量的有关基督教教义方面的知识，因为他们必须参加教会的礼拜。由于教授上层社会子弟的原因，我已经向主教建议，将英语教学引入我们的学校。学习英语可以加快思维。在某种程度上说，中国人的思维僵化，他们只知道背诵，而忽略大脑其他功能；他们背诵的倾向已经本能化。即使是一本翻译过来的西方课本，一到中国学生手中，他就开始背诵。这种思想僵化是中国在最近中日战争中蒙难的原因，或至少是一个原因。英语能使学者思索以便理解大意或术语，死记硬背是行不通的。"

特点之四就是争论双方的非宗派性。在1890年传教士大会上，长老会系统的传教士狄考文反对英语教学的观点与监理会系统的传教士李承恩等赞成英语教学的观点针锋相对，没有任何的兼容性可言。不同的差会对英语教学针锋相对的态度主要是由各自差会的传教政策所决定，同时也受到传教士在华传教的不同经历的影响，主张用汉语教学的则是来华时间较早的传教士布道者，如狄考文和谢卫楼等，主张用英语教学的则是来华时间较晚的传教士教育工作者，如力为廉、李承恩和卜舫济等。由于传教经历、思想和受教育程度的不同，即使是来自同一教会的传教士，他们对教会学校英语教学问题的态度也不完全一样。美国公理会系统的山嘉利（Charles Stanley）和谢卫楼之间争论的激烈程度绝不亚于不同教派传教士之间的争论。美国公理会华北传教站（North China Mission）的山嘉利受到上海中西书院和福州英华书院成功办学的启示，于1882年11月向美国公理会总部提出在天津创办中西书院。山嘉利认为中国在西学和英语人才方面的要求会增加。因此在构思中西书院的课程上，山嘉利"强调英语和西方科学，而且还要求西方科学也用英语教授"。山嘉利认为，"掌握英语和西学的人将成为中国未来思想领域的领导者，这有助于扩大基督教在中国社会上层人物中的影响"。而谢卫楼则认为，"英语课程必须排除在教会学校课程之外，至少应该降低到最低限度，更不能用英语作教学用语"。他的理由带有一定的共性：强调英语只会吸引对基督教缺乏兴趣的人；会刺激学生的物质动机；会使毕业生从事商业及其他有利可图的职业，而不是为年轻的中国教会服务，为了保证学校的宗教性质，教学语言必须是中文，因为学生更容易理解用中文讲解的宗教课程，即使要教英语，也只能在最后的两年里教授，教学的程度只要使学生能借助于字典从事英语的阅读就行，这样就可以避免学生因学习英语而过早地离开学校。针对谢卫楼对英语课程设置和教学的观点，山嘉利认为如果在最后两年教授英语，"那只是浪费时间"。美国监理会传教士、上海中西书院校长潘慎文（A.P.Parker）对教会学校的教学语言则持折衷态度。在1905年上海举行的中国教育会第五届年会上，潘慎文发表了"用中文和英语教授中国人西学"的文章，对教会学校中、英两种语言的使用条件和各自优点进行了说明。他认为汉语和英语这两种语言作为中国人学习西学的媒介都是必要的，两者具有互补性。相比之下，汉语的作用更大。因此，当只有一种教学语言可选择时，潘慎文更加强调使用汉语教学，而且无论如何必须是汉语。当谈到两种语言进行互补时，潘慎文认为，他会在学生学业的基础阶段，使用汉语教授科学、数学和一般常识等基础课程；在学生学业的高级阶段，他会使用英语进行数学、自然科学等课程的教学。他为什么认为英语和汉语作为教学语言具有互补性，为什么会在学生不同的学业阶段进行不同的选择？潘慎文分别列举了汉语和英语教学的好处。关于用汉语教学的好处，潘慎文认为，第一，汉语是中国学生的母语，"用汉语学一门课程会比用英语学得更容易"，"能更好地掌握科学和数学的基础知识"；第二，中国学生进教会学校学西学，有很大一部分准备将来担任中国学堂的西学教员，要成为一名优秀的西学教员，就必须牢固掌握西学的专门术语，"很显然，用汉语学习西学更加容易，将来教授也更加方便。"第三，和学英语的学生相比，毕竟学汉语的学生在数量要多得多，因此，西学的教学如基督教的教学一样，用汉语教学可以吸引更多的学生；第四，教会学校教授基督教、数学和科学的最终目的不仅仅是入教会学校的学生，而是要使基督教和西学灌输到中国社会，根植于中国的土壤。潘慎文认为，第一，用英语教学将为学生"敞开西学知识宝库的大门"。掌握英语的学生能及时地获得第一手资料，而那些不懂英语的学生只能等待西学知识的中文翻译，如果这些知识没有被翻译成中文，那么这些学汉语的学生将只能永远等待。第二，科学知识发展很快，有些知识等到被翻译成中文后，它们就已经过时了。用英语学习的学生能"跟上最新科学发现，能跟上时代的步伐"。第三，由于西学本身和教师方面的原因，对于有些西学课程与汉语教学相比，用英语教学更容易，学生"用英语学习某些西学课程更容易"。第四，学习英语，光掌握英语语言知识是不够的，必须辅助于专业知识的训练，"用英语学习科学和数学也是一种很好的英语训练，学生既学到了科学和数学、又学到了英语"。

　　特点之五是地区差异的影响。在争论中唱主角的是狄考文、谢卫楼以及李承恩、卜舫济等。狄考文和谢卫楼所代表的是内陆或远离口岸城市的教会学校，如登州的山东文会馆和潞河的华北协和书院等。因为内陆地区对英语人才的需求不像沿海口岸城市那么大，即使有某种需求，也只相当于口岸城市60年代中期开始时的情景，学生学到了一点英语，付清费用，离开学校，找到报酬丰厚的工作。所以狄考文认为"登州不是一个外国人居住的商埠，而是一个闭塞的内地城市。这里不是设立一所学校教授英语并使之成为最显著特点的地方""学英语的人会以某种方式和外国人联系在一起，也就是说，他们会在中国的口岸城市度过一生，不可能进入内地，不可能和他们的广大的人民生活在一起内陆地区的教会学校开设英语课程，将对传教事业产生严重的影响"。而李承恩和卜舫济所代表的则是通商口岸城市教会学校的意见，如上海圣约翰书院、中西书院和福州英华书院等。通商口岸城市的教会学校已经经历了为商业价值而开设英语课程的初始阶段，面临的是怎样适应中国社会对英语的需求，培养那些能在中国重要部门谋取职位以便将基督教思想传播到中国上层社会的问题。他们认为，为了扩大基督教思想，使教会学校的学生在中国"更伟大、更崇高的领域发挥其长处"，就必须用英语教学。如果不教授英语，即使是在口岸城市，教会学校也很难吸引学生入学。如果在上海开设一个用英语教授医学的医学院，在广州开设一个用中文教授医学的医学院、更多的人肯定到上海来。所以，沿海地区和内陆地区对英语的不同需求决定了传教士对教会学校英语教学的不同态度。

　　狄考文和谢卫楼所代表的山东文会馆和华北协和书院是北方地区的教会学

校，而李承恩和卜舫济所代表的福州英华书院和上海圣约翰书院是南方地区的教会学校。北方和南方不但在对外开放程度上有区别，在语言上也存在差异。"北方学校面临的问题与南方并不一样，例如，她们没有通晓数种不同语言（指各地方言）的问题（而我们的学生群体则有这样的问题），因为所有的北方学生都讲官话。他们对英语的态度在我们看来似乎有些像美国南方的保守派，不过他们并不像我们美国南方人那样需要讲英语。"圣约翰书院早期也曾试图用官话授课，后来由于来自吴语区的学生听不懂官话而只得改用英语教学。所以，方言带来的教学困难，是南北传教士对教会学校英语教学观点不同的另一个原因。

特点之六是动因的统一，这是争论的实质所在。传教士为了缓解中国社会对基督教的排斥态度，从19世纪80年代开始，已不再将《圣经》作为教会学校的主要课程，也不强迫学生参加宗教活动，但这绝对不等于教会学校放弃了宗教教育，相反教会学校的宗教思想的渗透更深入。教会学校主要开设的课程是数学和科学。对于这一课程，传教士找到了冠冕堂皇的理由：教授数学和科学是为了拓宽学生的思维，将西学知识介绍到中国。教会学校开设的另一主课——中国文学经典，传教士的理由似乎也名正言顺。教授中国文学经典是为了培养完美人格。因为，一个不懂得自己国家语言的人，永远也不能称为学者，就会失去做本民族成员的资格。但是，在这些教授数学、科学和中国文化经典的冠冕堂皇和名正言顺理由的背后，仍然是基督教传播的动机。在教授数学和科学时，传教士会引导学生去寻找数学和科学的文化渊源，那就是基督教文化，是基督教文化带来了西方的科学，如果中国要掌握西方的科学，必须首先改变中国传统文化，用基督教文化代替中国文化。教会学校教授中国经典，是要培养学生顺从的心理，是要毕业生更容易接近中国广大百姓，更加有利于基督教思想的传播。

教会学校开设的另一主要课程是英语，其目的也绝不是中国的英语教育事业。教会学校是否开设英语课程的长时间争论的原因之一就是传教士尚没有找到教会学校开设英语课程的冠冕堂皇或名正言顺的借口。如果说教会学校开设英语课程能使学生更好地了解西方文化，作为西方文化经典的《圣经》早在1819年就被马礼逊翻译成了中文。要更好地了解《圣经》的原文，教会学校就必须开设希腊文。教授英语没法直接和宣传西方文化思想联系在一起。狄考文认为，用英文教学对基督教事业的传播没有任何好处，原因就在于此。因为在中国社会，英语具有商业价值，学生学到了一点英文后，就会离开教会学校，教会学校原来打算教会学生们用英语去学习科学知识和基督教经典只会变成一种幻想，教会学校就会出现没有基督教思想传播对象的困境。用具有商业价值的英语作为教会学校教学语言对传播基督教事业没有任何直接好处，这也许就是传教士关于教会学校英语教学问题长时间争论不休的重要原因。所以可以说，教会学校关于是否开设英语课程，是否用英语教学的长时间争论，并不是传教士们在真正研讨一种最好的西学教学语言，而是传教士们在寻找开设英语课程的理由，探讨一种教会学校传播基督教思想，用基督教文化最终战胜中国文化的最有效教学形式。通过争论，传教士得出了用英语教学的"名正言顺"的理由：汉语已经退化，没法正确表达现代科学思想，没法成为现代教育的语言。"目前和未来几年，在中国，现代教育只能用现代语言，对我们来说，就是英语。"

传教士关于教会学校英语教学的争论虽然两种意见截然不一，但从根本上说都是为传播基督教思想服务。传教士认为，强调汉语和中国经书的教学，在中国科举制度依然存在的教育体制下，也是帮助学生取得社会地位和影响，甚至打入中国社会上层的有效途径。山东文汇馆的有的学生就是通过科举考试而榜上有名，这在当地引起了很大轰动。而主张用英语教学，则可以通过培养中国社会急需的人才，培养能取代中国士大夫阶层的领袖人物，达到将基督教思想有效传播到中国社会上层，最终使中国彻底基督化。所以，可以说两种观点是殊途同归。

二、官立学校英语教学思想观念的发展

洋务派在实践活动中逐步认识到，真正的"西技"并非是西语，而是算学。冯桂芬早在咸丰一年（1861年）就指出："一切西学皆从算学出、西人十岁外无人不学算。今欲采西学，子不可不学算。或师西人，或师内地人之知算者俱可。"1866年12月，总理衙门大臣奕䜣等人以"洋人制造机器、火器等件，以及行船、行军、无一不自天文、算学中来""若不从根本上着实功夫，即习学皮毛，仍无俾于实用"为由，奏请增设"天文、算学馆"，聘请西方人担任教习，学习西方造器、造船等长技，以探求中国自强之道。在上奏的同时，总理衙门

委托英国人赫德回国休假时，为同文馆在欧洲代为招聘天文、算学的西教习。

洋务派奏设"天文、算学馆"的措施的确标志着清朝中央当权的洋务派对于西方文化态度的一次实质性变化，表明洋务派西学的认识进入了一个新的阶段。总理衙门奏请增设"天文、算学馆"，用英语教授天文、算学等科学知识，一方面是洋务派在创办军事工业的实践活动中渐渐地认识到西方科学在洋务活动中的重要性，另一方面是想通过招生正途士子提高同文馆的地位，是想让西学本身的合法性得到清帝以及象翰林院那样的正统部门的承认。在策略上，洋务派沿用中国古老的"天文、算学"之名，在洋务派看来，天文、算学对传统派来说更容易接受。

总理衙门奏请设立"天文、算学馆"这一举动在顽固派看来实在是一个大胆的背叛中学的行为。以大学士倭仁为代表的顽固派对总理衙门的这一举动发难，坚决反对在同文馆用英语教授西学。在顽固派看来，"西学原本渊于中国古代的算学。西人采用了中国发明的方法，西学的根在中国。"西人的一切东西，中国都有，因此中国不必向西人学习自己所具有的东西。治理国家的根本之道在于人心，而不在西方方式。同治六年（1867年）二月，倭仁上奏称："窃闻立国之道，尚礼义不尚权谋；根本之图，在人心不在技艺。今求之一艺之末，而又奉夷人为师，无论夷人诡谲未必传其精巧，即使教者诚教，学者诚学，所成就者不过术数之士，古今来未闻有恃术数而能起衰振弱者也。天下之士，不患无才。如以天文、算学必须讲习，博采旁求，必有精其术者，何必夷人，何必师事夷人？"增设"天文、算学馆"意味着舍弃中法而推崇西法，颠倒了"中学为体，西学为用"的方针，舍弃了中国几千年来的传统道德。中国传统道德不能丢，立国之本，尚礼仪不尚权谋，根本之图，在人心不在技艺。中国一直是世界文明的中心，在所有昌明盛世时期都不曾向夷人学习过，为什么现在必须向夷人学习才能富强呢？而且夷人曾打过我们，是我们的敌人，现在向夷人学习，实在是件耻辱的事情。因此，以倭仁为首的顽固派对增设"天文、算学馆"持全面否定的态度，认为是"不急之务""舍中法而从西人为非，中国之人师法西人为深可耻"。

在顽固派的非难面前，洋务派的代表人物指出，"他们原先也有类似倭仁的观点，但是，和外人打交道的经验表明他们先前的观点不准确。"洋务派引用洋务派的实践活动，如李鸿章在上海设立机器局，左宗棠在福建设立艺局等，为设立"天文、算学馆"辩护，指出"识时务者，莫不以采西方，制洋器为自强之道"，痛斥顽固派的论调为"皆不识时务之论也"。在总理衙门的坚持努力下，清政府终于同意设立"天文算学馆"。"朝廷设立同文馆，取用正途学习，原以天文算学为儒者所当知，不得目为机巧。正途人员用心较精，则学习自易，亦于读书学道无所倍废。是以派令徐继畬总管其事，以专责成，不过借西法以印证中法，并非舍圣道而入歧途，何至有碍于人心士习耶？"

　　洋务派和顽固派在同文馆设立"天文、算学馆"上的争论以洋务派的暂时占了上风，但这一事件不仅严重阻碍了洋务教育事业的发展，推迟了改革旧教育制度的进程，而且对知识阶层学习西学也产生了严重而深远的消极影响。那些报考同文馆新科目的正途士子遭到同乡和同列们的讥笑和嘲讽，"天文舜学招考正途人员，数月于兹，众议纷争，日甚一日。或一省中并无一二人愿投考者、或一省中仅有一二人愿投考者，一有其人，逐为同乡、同列之所不齿，夫明知为众议所排，而负气而来，其来者既不恤人言，而攻者愈不留余地。入馆与不入馆，显分两途，已成水火。互相攻击之不已，因而互相倾覆，异日之势所必至也。"以致报考"天文、算学馆"的人寥寥无几。同治六年（1867 年）六月总理衙门上奏称："两月以来，投考之人，正途与监生杂项人员相间。臣等以此举既不能如初念之所期，不敢过于拘执，因而一律收考，共计投考正杂各项人员九十八名，定期五月二十日在臣衙门扃门考试，计已到者七十二名，先经投考临时未到者二十六名，试以策论、认真考核，将各员试卷公同阅看、择其文理可观者选取三十名，于二十六日复加试，文艺均属一律"，而且在录取的天文、算学馆 30 名学生中，"1868 年考试，甄别 20 人，只留下 10 人，其中 5 人继续学英语。在学英语的 5 人中，3 人经常不听课，不久也被甄别。"

　　同文馆在"天文算学馆"上的争论，涉及到用英语教授西学的问题。天文、算学是现代科学的学科，课程性质和中国传统儒教经典完全不同，中国尚不具备教学这些课程的教员。如果开设西学课程，就意味着必须聘请英（西方）人担任教学，必须用英（外）语教授。同文馆开设英语课程培养对外交涉的翻译人才，无论是维持"和局"也好，是开风气和了解外国的情况也好，顽固派和洋务派至少在表面上能达成一致。但在开设英语课程的真正动机上，顽固派和洋务派却各有打算。在顽固派看来，英（外）语是西学之末，只学习西学之末，不会撼动中国儒家传统文化的正统地位，开设英语课程，培养英语翻译人才，于对外交涉以维护"和局"也不无裨益。同文馆添设"天文算学馆"，用英（外）语教授西学，顽固派就会发难。

洋务派也认为英（外）语是西学之末，如果只停留在学习英语语言上，就不可能触及西学之根本，学习英语语言对"求强""求富"运动也无多大裨益。洋务实践告诉他们，西方人除了语言之外，还有其他东西值得学习，要"求强""求富"还必须跨出第二步，学习用英（外）语教授的西方科学。洋务派虽然在开设用英（外）语教学的西学课程上，由于得到了最高仲裁者——皇帝的支持，取得了胜利，但面对强大的反对势力，只得慢慢地、小心翼翼地实施用英语教授西学的计划。

19世纪90年代中期以后，受中日甲午战争失败的刺激，中国社会出现学习英（外）语的热潮。随着中国社会对英语人才需求的增加，培养既懂英（外）语，又通西学人才的任务日趋紧迫，用英（外）语教授西学以培养社会实用人才的问题引起了后期洋务派和维新派的高度重视。面对洋务派创办的学堂只学习西语或西学的皮毛，根本不触及西学的根本，维新派和洋务派的后期代表人物对之提出了批评。梁启超在《学校总论》中指出，"今之同文馆、广方言馆。水师学堂、武备学堂、自强学堂、实学馆之类，其不能得异才何也？言艺之事多、言政与教之事少。其所谓艺者，又不过语言文字之浅，兵学之末，不务其大，不揣其本，即尽其通，所成已无几矣。而且专门之业不分，致精无自也。"早期西学有所成就者亦不过粗通西方文字语言而矣，岂能达到富强之目的？因此，中国要富强就必须学习西学之本，决不能本末倒置。何谓西学之本？郑观应在1892年在其论著《学校》中指出："故善学者，必先明本末，更明大本而后可言西学。分而言之、如格致、制造等学其本也，（各国最重格致之学，英国格致会颇多，获益甚大，讲求格致新法者约十万人）语言文字其末也。"西方国家之所以强大，是因为西方各个国家最重视格致、制造之学。格致、制造也是西学之根本。怎样学习西学，清末最重要的翻译家严复提出了自己的设想：关于课程，严复认为："中学堂以上必须用英（外）语教授西学。关于西学教学，中学堂可以是懂英（外）语、通西学的中国教习，高等以上学堂则应该是外国教习。中学堂中西教习并有之；高等学堂有西学教习，无中学教习，中学堂洋文功课居十之七，中学堂课西文西学，宜用中国人（洋人课初学西文多不得法），高等及专门诸学，宜用洋教习。"作为清末教育改革的重要代表人物，张之洞在整顿书院期间，于1896年对1893年创办的自强学堂进行改革。他认为："惟自强之道，贵能取人所长，若非精晓洋文即不能自读西书，若不能多读西书，即无从会通博采。"改革后的自强学堂仅保留外国语一门，改革原来的格致和商务的教学方法，把格致和商务的教材作为英（外）语教学的内容，用英（外）语教授。戊戌维新期间成立京师大学堂，作为全国最高学府和教育行政机关。1898年7月3日，京师大学堂章程对学堂的办学方向作了全面的阐述。章程称："近年各省所设学堂，虽名为中西兼习，实则有西而无中，且有西文而无西学……当同文馆，广方言馆初设时，风气尚未大开，不过欲培植译人以为总署及各使馆之用．故仅教语言文字而于各种学问皆从简略。此次设立学堂之意，乃欲培植非常之才，以备他日特达之用。则其裁法亦当不同。夫仅通西国语言文字之人，亦不能谓为西学之人才明矣……西文与西学二者判然不同，各学堂皆专教西文，而欲成就人才必不可得矣……今力矫流奔，标举两义……二曰以西文为学堂一门，不以西文为学堂之全体，以西文为西学发凡，不以西文为西学究竟。"章程阐明了学习"西文"与学习"西学"的关系，就是"以西文为西学发凡，不以西文为西学究竟。"要真正有效地学习西学，就必须用西文去教授西学，用西文去学习西学，只有这样，才能真正领悟西学之真谛。新学制实施后规定，高等小学堂可以开设英语课程，中学堂则必须将英语视为除中国经史之外最重要的课程，并用英语教授西方历史和地理，为学生升入高等学堂或大学堂预科打下英语基础，高等以上学堂必须聘请西教习，用英语教授西学。

第二节　学校英语课程设置

一、教会学校英语课程设置

英语教学引入早期教会学校阶段，学校课程包括天文、算术、代数、几何、初等机械学、生理学、地理、历史、作文、音乐等，这些西学课程全部采用英文课本，用英语教学。

在教会学校初步发展阶段，由于英语在通商口岸城市已经具有商业价值，教会学校开设了英语、英文书信、中英文翻译、司账薄事、地理、算法等课程。

教会学校英语教学进入全面发展阶段，开始采用几年一贯制的英语语言和专业知识相结合的课程设置。如1881年美以美会在福州创办的英华书院是英语教学开展比较早、课程体系比较明确的教会中学。学习年限规定为6年，前两年为预科，后四年为正科。开设的课程为宗教、中国经典、数学和科学、英语等教会学校普遍开设的课程，这些课程除中国经典外，均用英语教学。

教会女子学校也实施英语语言和专业相结合的课程设置。1884年美国美以美会在镇江创办的镇江女塾实施十二年一贯制的课程体系，学校自始至终都十分重视英文教学。

教会教育三级体系形成阶段，教会大学的英语课程设置包括预科的基础阶段和正科的专业阶段，有的教会大学的英文课程设置更有中学作基础。现将被认为是传教士在华开办的第一所正规教会大学的东吴大学初等和高等科各年级。

教会学校英语课程设置具有英语语言和专业课程相结合、由语言到专业的循序渐进的特点。这一课程设置根据传教的需要而不断发展。在教会学校引入阶段，英语课程的设置是企图通过开设那些国人"前所未闻"的课程，吸引中国学生，为大规模传教做准备。在教会学校初步发展阶段，由于英语具有商业价值，在通商口岸城市的教会学校所开设的课程和商贸联系在一起，一方面培养对华贸易人才，另一方面以此作为吸引社会富家子弟的香饵，以便将基督教思想扩大到社会上层。在教会学校全面发展阶段，教会学校开设的英语课程和宗教结合在一起，让学生在学习英语的同时，潜移默化地接受基督教思想的影响。在教会教育三级体系定型阶段，教会大学英语课程和中国社会所需要的专业结合在一起，企图培养一批能代替中国士大夫阶层的上层人物。

二、官立学校英语课程设置

同文馆在19世纪70年代以前主要是一所外语学校，开设的课程是外语和汉语。70年代后，随着洋务运动由"求强"阶段向"求富"阶段发展，同文馆的课程也由原来的外语和汉语逐渐扩展到包括算学、天文、物理、化学、国际法、医学、生理等课程在内的自然科学领域，并公布了八年制的西学课程。"第一年：认识写字，浅解辞句，讲解浅书。第二年：讲解浅书，练习句法，翻译条子。第三年：讲各国地图，读各国史略，翻译逸编。第四年：数学启蒙，代数学，翻译公文。第五年：讲求格物，几何原本，平三角，弧三角，练习译书。第六年：讲求机器，狱分积分，航海测算，练习译书。第七年：讲求化学，天文测算，万国公法，练习译书。第八年：天文测算，地理金石，富国策，练习译书。八年制西学课程需学生用外文直接学习。用英语教授西学的课程设置构成京师同文，便是英语教学的一大特点。这一课程最大量的是自然科学知识，包括地理、历史、数学、物理、化学、机械、航海、测量、经济、探矿等。"一至四年为英语基础训练阶段，教学内容包括读法、书法、拼写、文法、会话、句子等基础知识，用英语教学的西方历史地理等社会科学基础课程，句子、短文、选编和外交公文等翻译和基础数学等内容。从第五年开始，学生进入专业提高阶段，课程程度加深，由语言训练等基础课程向用英语教学的自然科学课程发展。系统的基础课程学习为学生学习科学打下了良好的外语基础，"其习英文者，能藉之以及诸课，而始终无阻，"而其他馆的学生，也只是偶尔"须藉汉文以及算格诸学"。

作为最早教授西学的官立学校，上海同文馆最初开设的课程除英语外，还有算学、代数学、几何学、天文、地理、绘图等。1870年，广方言馆重拟《课程十条》和《拟开办学馆事宜十六条》，将课程明确分成两个阶段：上班和下班。第一年为下班，第二、三年为上班。下班为基础班，学习基础课程。学生在基础阶段时，除了学习西学的基础课程，特别是数学外，还必须学习外国语言文字，打好外语基础，以便学习专业。学生下班毕业后，成绩优异者进入上班继续学习。和下班不同的是，上班的学生在继续学习下班课程的同时，还必须学习一门专业。《课程十条》规定："上班分七门：辩察地产，分炼各金，以备制造之材料；选用各金材料，或铸或打，以成机器；制造或木或铁各种；拟定各汽机图样或司机各事；行海理法；水陆攻战；外国语言文字、风俗国政、生徒学此各事之时、仍须兼习下班之学，以冀精深。"这些专业课程由西教习用外语直接教学。

在官立学校全面发展过渡阶段，张之洞改革湖北自强学堂，保留外国语言一门，把格致和商务的教材作为英语教学的内容，用英语教授，将科学和商务贸易专业课程的教学与英语语言教学有机结合起来。这一课程改革模式成为清末英语课程设置的先导。

新学制实施后，学堂章程规定，中学堂以上须勤学英文，并逐渐用英文学习西学。作为我国近代第一所国立大学堂的天津北洋西学学堂，分头等学堂和二等学堂，学习年限均为四年，二等学堂的学生毕业后升入头等学堂。二等学堂四年的课程分别为："第一年：英文初学浅言，英文功课书，英字拼法，朗读书课，数学；第二年：英文文法，英文字拼法，朗读书课，英文尺牍，翻译英文，数学并量法启蒙；第三年：英文讲解文法，各国史鉴，地舆学，英文官商尺度，翻译英文，代数学；第四年：各国史鉴，坡鲁伯斯第一年，格物书，英文尺度，翻译英文，平面量地法。"从这一课程设置中，我们不难发现，四年的课程以英语为主，一、二年级可以说基本是英语课程，到了高年级，除了继续重视英语课程外，加进了一些如格物和测量之类的自然科学以及历史和地理等社会科学的基础知识。二等学堂重视英语教学，为学生入头等学堂学习打下基础。升入头等学堂后，学生继续学习英语，增加自然科学课程的学习量。

第一年：几何学、三角勾股学、格物学、笔绘图、各国史鉴、作英文说、翻译英文；第二年：驾驶并量地学、重学、微积分、植物学、化学、笔绘图并机械绘图、作英文论，翻译英文；第三年：天文工程初学、化学、花草学、笔绘图并机械绘图、作英文论、翻译英文；第四年：金石学、地学、考究禽兽学、万国公约、理财富国学、作英文论、翻译英文。

四年的28门课程，除每年的"作英文说"和"翻译英文"外，其他基本是自然科学方面的课程。自然科学的课程量占总课程的70%以上。这些自然科学课程大都使用原版教材，由西教习用英文直接授课。

综合晚清官立学校英语课程设置，我们也不难发现它们所具有的共同特点：特点之一是英语语言和专业课程相结合，也就是专业课程用英语教学。这一特点无论在洋务学堂、清末改革后的书院，还是在新学制实施后的新式学堂，都颇为突出。特点之二是英语课程设置的系统性，就是由语言涉及专业，由易到难。基础阶段为英语语言的基本训练，到了专业阶段则必须用英语学习西学。特点之三是英语课程的设置以社会的需要为基础。洋务运动是为了"求强""求富"，所以英语课程里以军事、技术工程为主。戊戌维新时期的英语课程以商务和贸易为主。而新学制实施后的英语课程设置则是朝为造就社会人才的方向发展，英语课程涉及社会和自然科学诸多领域。

第三节　学校英语教科书和英语工具书

晚清学校英语教科书的问题是一个比较复杂的问题，一方面由于英语教科书不仅仅包括英语语言的教科书，还包括用英语教学的自然科学的教科书，由于自然科学的教学刚刚引入我国学校教育，教科书并没有统一的规范，所以要陈述各学校使用的自然科学英文教科书十分困难；另一方面由于晚清存在两种性质的学校，教会学校和官立学校，学校英语教科书也各不相同。再一方面，教会学校由不同的基督教差会创办，它们使用的教科书由各差会决定，也不完全相同。

一、教会学校英语教科书概况

鸦片战争以前建立的教会学校使用的英文教科书一般为原版教材。如早期马礼逊学校使用的英文原版教科书有柏利的《地理学》(*Parley's Geography*)，凯特利 (Keightley Hume) 的《英国史》(*History of England*)，戈登 (Gordon) 的《算术》，高本的《高级数学》(*Colburn's Intellectual Arithmetic*)，泰勒的《生理学》(*Jane Tavlor's Physiology*) 及《英文缀字》(*Union Spelling Books*) 等。鸦片战争后，传教士的传教方针发生变化，虽然教会学校数量增加，但一般都用中文教学，英文原版教科书也由传教士用汉语口授，学生用汉语笔记。为了解决教会学校的教科书紧缺的问题，1877 年传教士大会成立了"学校教科书委员会"，不久又成立了"广学会"，编写出版西学书籍和学校教科书，但这些书籍和教科书，无论是翻译还是编写，都以中文为主。从 19 世纪 80 年代开始，由于英语在上海等通商口岸城市开始具有商业价值，有些中等以上教会学校，如上海中西书院和圣约翰书院开始教授英语。到了90年代中期，随着传教士就教会学校是否开设英语课程、是否用英语教学的争论以正方的胜利而暂时告一段落后，教会学校普遍开设英语课程，用英语教授西方文化和自然科学。教科书，特别是用英语教学的自然科学的教科书绝大部分是从国外引进的原版书，又由于教会学校由西方不同基督教差会创办，他们所使用的英语教科书由各个差会决定，各不相同，所以要确定教会学校英语教科书非常困难，但是有一点是非常明确，那就是他们用英语教授自然科学时，所使用的教科书基本都是原版书。

二、官立学校英语教科书发展

官立学校的英文西学课程教科书发展总体经历了两个阶段。洋务运动时期，洋务学堂创办时，学校教科书非常缺乏，教科书不得不使用原版教材。同文馆英文馆的学生，"西语则当始终勤习，无或间断。其习英文者，能藉之以及诸课，而始终无阻。"由此可以推断，同文馆英文馆的西学教科书用英文原版。上海同文馆在教学时，西学课程由西方人用英语教学，再通过翻译，发明西教习意指，使学生易于领受。而当学生已经掌握英语时，"即以西语讲解其义，或以中国文义译出西文，而以西语解之，如能译出西书全帙，则西语西文无不贯通矣。"可见，上海同文馆的西学课程教学也是采用原版教科书。而福州船政局英文学校使用的西学教科书也是英文原版。如算学使用史密斯（译音）（Barnard Smith）编写的教材，代数教材是拓德亨特（译音）（Tod hunter）编写的《初级代数》（*Elementary*），地理课上使用安德森（译音）（Anderson）编写的《地球概貌》（*General Features Of The Globe*），三角几何、平面和球面几何，学生们所使用的教材也由拓德亨特编写，几何课使用了拓德亨特编写的《欧几里德几何》（*Euclid*），航海理论课使用拉伯（译音）（Raper）编写的《罗盘针较位》（*Corrections Of Compasses*）等。

清末新学制实施后，规定中学堂以上须勤学英文，中学堂历史、地理用英文：参阅第三章"晚清学校英语教学个案研究"第三节"圣约翰大学的英语教学"课程设置中的教科书文教学，并逐步开始用英语学习自然科学。地理教材一般用Tawand Mcmurry编写的《世界地理》（*Geography of the World*），历史一般用伍光建编写的《世界历史》或美国人任纳福所著的英文本《世界通史》

（*Outline of General History*）。

就自然科学方面的英文教科书而言，由于编译工作跟不上需要，各个学校使用的自然科学方面的教科书基本都是英文原版书。如建于 1906 年的南开中学，所使用的自然科学方面的教科书有：Hawkes Wuby Touton 的 *Complete School Algebra*《学校代数》。Betzand Webb 的 *Plane Geometry*《平面几何》，Hawkes 的 *Higher Algebra*《高等代数》。Brownlee 的 *First Principles of Chemistry*《化学基本原理》和 *Laboratory Exercise to Accompany with "First Principles of Chemistiy"*《化学基本原理》实验指导。Passano 的 *Trigonometry*《三角几何》。Moore and Miner 的 *Concise Business Arithmetic*《精编商务算学》。Ely and Wicker 的 *Elementary Principles of Economics*《经济学基本原理》，Klein 的 *Book keeping and Accounting*《薄记和会计》。H.S. Chow 的 *Handbook of Business Training*《商务训练手册》以及 Bocher 的 *Plane Analytic Geometry*《平面解析几何》等。

就官立学校英语语言教科书而言，京师同文馆编写了我国近代第一本语法教科书《英文举隅》（*English Grammar*），上海同文馆则使用《韦氏拼写书》（*Webster Spelling Book*）。

中国近代学校英语语言教科书的编写开始于清末的商务印书馆。商务印书馆建立于 1897 年，当时社会提倡新学，学习西方的呼声正在高涨。要学习西方，首先就要学习西方的语言文字。在沿海通商口岸，学习英语的人使用的英语读本，通常有七八种课本可供选择。这些教科书，无非就是那些原来由英国人为印度殖民小学编写的教本，或者是通商口岸的一些教会学校编写的英语读本。这些读本，要么在国外出版，要么未公开发行，全由英美人编写，全是英文，深奥难懂，满足不了社会初学英语的需要。

为了适应社会学习英语的需要，商务印书馆率先把英国为殖民地印度小学生编印的《*PRIMER*》一书翻印出版。《*PRIMER*》只有英文版，对初学者不便。商务印书馆编译所组织人员将该书的有关文字翻译成汉文，与英文对照排列。首先从语音开始，逐渐涉及字母、拼写、单词、短句、短文，每课生词固定，并不断重复，课文全部英汉对照。1898 年，谢洪赛根据《*PRIMER*》一书改编的《华英初阶》出版，随后又及时出版《华英进阶》，这两本书成了商务印书馆最早编译的教科书。该书的出版为社会青年比较系统地学习英语提供了方便，因而它一出版，就受到社会的普遍欢迎，销路也比较广，影响也比较大。

"宇内风行，凡中外之书院，皆借以教授。"在成功编写了第一套综合英语教科书以后，商务印书馆于1899年出版了英汉对照《华英国学文编》第一卷，1900年开始陆续出版第二、三、四卷，这是我国自行出版的最早的英汉对照读物。1902年，商务印书馆还出版了徐久清编写的《英文初范》。

新学制实施后，清政府学部于1906年审定了中小学堂英文教科书。这些教科书除了早期的《华英初阶》和《华英进阶》外，还包括1904年伍光建编写的《帝国英文读本》，该书实际是为小学堂编写，由于其程度适合中学，所以仍作为中学堂教科书；严复1904年编写的《英文汉诂》，以及《英文普通史纲目》《英文作文教科书》《新编英文法教程》《初、中、高英文典》等。1906年以后，商务印书馆陆续出版的教科书有：《英文教程》（1909年），阿诺德（S.L.Arnold）编写的《增广英文法教科书》（1909），纽森（Newson）编写的《简要英文法教科书》（1910年），邝富灼编写，当时很有影响的《英文益智读本》（1910年），《初学英文轨范》（*English Language Lessons*）（1910年），以及《英语会话教科书》（1910年）等。这些教科书在清末的中小学堂广泛使用。除以上由商务印书馆出版的英语教科书外，在清末全国学堂使用的教科书还有1906年在上海出版的《华英初学》以及1907年河北译书局出版的《英文典教科书》等。

以上清末商务印书馆出版的英语语言教科书均为中等或初等学堂编写。而中学堂以上，由于要渐由洋文涉及西学，英语语言教科书的难度要大得多。使用最普遍的英语语言教科书是英国人纳司菲尔德（J.C.Nesfield）编写的《纳氏文法》（*Nesfield Grammar*）。五卷本的《纳氏文法》是19世纪英国学生学习英语所使用的最广泛的文法教科书。《纳氏文法》在海外的广泛使用，是英国海外殖民教育势力不断扩张的结果。正如《语言领域的帝国主义》（*Linguistic Imperialism*）一书所指出的那样，"英国殖民者走到哪里，他们就把他们的语言带到哪里"。

三、英语工具书概况

晚清最早编纂的双语字典是1822年马礼逊编纂的六卷本《华英字典》（*A*

Dictionary of the Chinese Language），随后还有 1843 年出版的厚达 1500 页。早期的字典都是汉英字典，是对中国政治、社会、文化、习俗等名词进行英文解释，为西方传教士了解中国文化而编纂。至于国人编纂的英语字典则始于率领第四批幼童赴美留学的邝其照在 1875 年出版的《英华字典》（*English-Chinese Dictionary*），这是第一本为国人学英语所编写的字典，此后国人学英语都使用这本字典。邝其照还于 1881 年在美国出版了《英文成语辞典》（*A Dictionary of English Phrases with Illustrated Sentences*）。商务印书馆创办后，在出版《华英初阶》和《华英进阶》时，于 1899 年，出版了它的第一部词典《商务书馆华英字典》（*Commercial Press's English and Chinese Dictionary*），它是邝其照《英华字典》的修订和增补本，收词 4 万条。此后商务印书馆不断推出不同的英文工具书。1901 年商务印书馆出版了由谢洪赉编纂的第一部双解英汉词典《商务书馆华英韵字典集成》，它也是我国第一部中型双语词典。商务印书馆在清末出版的英语工具书还有：1904 年出版谢洪赉的《袖珍英汉辞林》、吴治俭的《袖珍英华字典》；1907 年出版卓定谋的《英华习语辞典》、编译所编译的《商务书馆华英新字典》，1909 年出版颜惠庆所编写的《英华大词典》和《英汉成语辞林》；1910 年，出版奚若编译的《英华会话文体辞典》；1911 年，出版的《新订英汉辞典》、朱树燕的《袖珍英华成语辞典》等。

为了满足实施语法翻译教学方法的需要，在英语教科书紧缺的情况下，无论是教会学校还是官立学校，最主要的语法教科书是由英国人为本国学生编写的五卷本的《纳氏文法》（*Nesfield Grammar*），它是 19 世纪英国学生学习英语所使用的最广泛的文法教科书。随着英国在海外殖民教育势力的不断扩张，英国国内普遍主张，海外教育的目的应该是通过英语语言文字来渗透英国文化的影响。因此英国学校语法书被运送到其在世界各地的殖民地区。在清末学堂使用的语法教科书中，也有日本人斋腾编写的《英语语法》（*The English Grammar*）和丁家立在北洋大学任职期间编写的《英文法程》（*English Grammar*）等。但最有名，使用范围也最广的是由英国多产语法学家纳司菲尔德（J.C.Nesfield）编写的《纳氏文法》。据季羡林先生回忆说："在这里用的英文教科书已经不能全部回忆出来。只有一本我记忆难忘，这就是 Nesfield 的文法，我们称之为《纳氏文法》，当时我觉得非常艰深，因而对它非常崇拜。到了后来，我才知道，这是英国人专门写了供殖民地人民学习英文之用的。不管怎样，这一本书给我提供了很多有用的资料。像这样内容丰富的语法，我以后还没有见过。"由于这本语法书比较深奥，大部分中国教师在教学这本书时，主要采用翻译和背诵的方法进行教学，"《纳氏文法》除了老师讲（即翻）以外，还注重背诵，有的同学能背出许多条条来，但不会讲、更不会用，所以学了很久，甚至会背，却用不上。"

除了《纳氏文法》外，在中学堂以上学堂使用的英语语言教科书还有日本人斋藤编写的《英语语法》(*The English Grammar*)，《羌伯氏读本》(*Chamber's Reader*)，丁家立在北洋大学任职期间编写的《英文法程》(*English Grammar*) 等，这些英语语言教科书都由外国人编写。

在我国晚清英语工具书史上还有一个重大事件，那就是1906年英文版《大英百科全书》在我国发行，它是我国近代销售的规模量大的英文工具书，也是自西学输入中国以来，规模最大的西学著作。《大英百科全书》是世界最著名的英文百科辞典，初版于1768年，全书共35卷，约3万页，4000万字。1906年在我国销售的《大英百科全书》是1903年的修订版，在我国境内以半价销售450部。原版《大英百科全书》虽半价出售，价格仍每部数百两，极为昂贵，但销路极好，表明能直接阅读大部头外文原著的中国人已达到一定的数量。更反映出，在中国进一步走向世界的过程中，对高水平的外国文化的需求。

第四节　学校英语教学方法

晚清学校英语教学所使用的方法主要有通商口岸城市夜校和培训班使用的"别琴英语"教学法（Business English Method），盛行于所有正规学校的语法翻译法（the Grammar Translation Method）以及由教会大学首先引入的"古安系列"教学法（the Gouio Series Method）。

一、"别琴英语"教学法

19世纪60年代以后，在上海等通商口岸城市，社会风气开始转变，想学英语的人越来越多，教会学校一般又不开设英语课程，官立学校的英语教学则刚刚开始，正规学校英语教学满足不了社会学英语的需要，一些英国人和懂得英语的中国人为了商业目的，创办面向社会招生的英语培训班和夜校。据统计，1872~1875 年的 3 年间，在《申报》上作招生广告的就有 15 所夜校培训班。除英国圣公会创办的英华学堂外，19 世纪 70 年代到 80 年代在上海开设的各类培训班、夜校有 35 所。这些培训学校或夜校形式不一，但都开设写信、翻译、算法、司帐薄记、地理等贸易实用课程，用英语教学，承诺能在短时间内教会英语。如一则招生广告说："英女设馆授徒：英国有闺秀在上海上半日教读外国年幼男女学生，兹定于下半日自五点钟起至八点钟止传授中国年幼男女学生，如华人欲学英国语言文字、算法、地理者，每月修金洋蚊四元，男子入塾以十七岁为止。"另一则广告甚至承诺，学习英语三个月，就能与外国人会话，"启者本馆今择于 11 月 26 日专教英语，学习三个月之后，可能与西人把话，其修金格外相宜，如欲前学者，请至棋盘街祥丰店楼上便是。特此预告。"

英语学习是一个系统工程。学好英语必须经过音标、语音、单词、拼写、词组、短语、文章等基础环节的训练，后上升到专门从事听力、阅读、书写、会话不同能力的进一步提高，即使是十分颖悟者，也必须经过几年以上的系统训练才有可能与西方人直接自由交流。而在上海等地出现的英语培训班和夜校一般培训时间比较短，有的甚至不足三个月，对参加学习和培训的学员又没有任何英语基础要求，即使从来没有学过英语的人，只要付费，都可以参加，因此，从理论上说，要使这些没有任何英语基础的学员在很短的时间内达到与西方人自由对话的目标是不可能实现的。但是，这些英语培训班或夜校所培训的学员却担任中外贸易交往的通事。难道他们的口语真的达到能和西方人自由对话的水平？绝非如此。首先，学生所学习的英语词汇局限于贸易货物，如常见的货物名称，日常见面寒暄的用语，贸易讨价还价的词汇等方面。其次，学生的英语只是局限在简要的口头表达方面，根本不可能笔录他们口头所表达的内容，事实上他们也无法表达这些内容。再次，也是最重要的，教师的教学方法既非直接用英语学习的直接交流法，也非通过大量的语法、翻译练习的语法翻译法，而是通过一种以汉字模仿英语读音的所谓"别琴英语"（Business，"商业""事务"的读音）法，也就是我们今天所说的洋泾浜英语教学方法。

"别琴英语"教学方法是一种结合中西语言，但又非中非西，通过对那些与英语读音相谐的汉语读音的死记硬背来达到临时记住英语单词和简单句子的目的。一位曾读西书、讲究翻译，并编写过英语语法书，自喻为"洗耳狂人"的阳湖人杨少坪，在1873年2月初五日和初七日的《申报》上，以"别琴竹枝词并序"为题，对这种"别琴英语"进行详细的描述。关于"别琴英语"的来源："别琴二字肇始于华人，用以作贸易事端（Business）二义，英人取之以为杜撰英语之别名，该极言其鄙俚也。"他否认以"别琴英语"的方式就能学好英语，并对"别琴英语"的学习方式提出了批评。"余自习举业、读西书，讲究翻译以来，知英国字即语，语即字，由字学语则音正，并当由文理学语而语斯妥，夫所谓讲英语者岂易言哉？"上海通事懂得的只是"别琴英语"，对英语学习敷衍了事。"今沪北一带之通事、日与西人交接，所重在语，而不之考究，敷衍了事，不讲别琴语者百不得一。"西人对"别琴英语"也不屑一顾，"西人虽迁就之，莫不酸鼻，余恐斯语之愈变而愈差也。"同时，他还列举了"别琴英语"的例子，如"温"（One）就是"一"，"多"（Two）就是"二"；"可牢基"（Clock）就是"自鸣钟"；"来司"（Rice）就是"饭"；"野路"（Yellow）就是"黄色"；"讨克"（Talk）就是"谈生意"；"滑丁"（What）就是"何？"；"哀克司巴"（Export）就是"出口"；"印巴"（Import）就是"进口"；"内夫"（Knife）就是"刀"；"雪堂"（Sitdown）就是"坐"等，"清晨相见谷好猫迎（Good morning！）。""好度由途（How do you do！）""请看频呼六克（Look），看西（See）亦看也叠用，""海（High）作高来六（Low）作低"等。这些"别琴英语"实在让人费解，"多少洋行康八杜（Comprador'买办'的意思），片唇茹吐费疑猜。"

二、语法教学法

19世纪末20世纪初，在我国所有的学校中，无论是政府新式学校还是教会学校，无论是中学还是大学，英语教学一直盛行同一时期在欧洲流行的语法翻译教学法。所谓语法翻译教学法，就是通过大量的从中文到英文和从英文到中文的翻译、语法和作文等练习，学习和掌握英语。

语法翻译法早在京师同文馆的英语教学中就已经实行。1872年京师同文馆公布了八年制西学课程。在这个课程中，翻译、文（句）法、作文占有绝对主要的地位。低年级的有关课程包括"浅解辞句、练习句法、翻译条子"，而到了高年级，课程则进一步扩大到"翻译选编、翻译公文、练习译书"等更高层次，同时同文馆将翻译西书作为教学的一个重要内容，学生到了高年级，都必须翻译西书，并对翻译西书成绩显著者给予奖励。

到19世纪末期，在英语课程开设较早也颇有影响的教会学校，其教学也没有摆脱语法翻译的束缚。1882年，林乐知在上海开设八年制的中西书院，"浅解辞句、练习文法、翻译句子、翱译选编、查考文法、翻译书信、翻译诸书、翻书作文"等均是书院开设的主要英语课程。在清末，随着废科举、办学堂、兴西学，英语越来越热门，新式学堂普遍建立。对没有英语基础的中学堂学生来说，学生以学习讲读、语法、练习、造句、习字等课程来达到初步掌握英语的目的。高等学堂和大学堂的英语课程则更进一步强调翻译的作用，这些课程包括译解、作文、文论。翻译则是逐字逐句的根据语法进行中英和英中的互译（主要以英译汉为主）。讲解则是根据教师所选择的具体教学材料而定，大多数教师讲解的则是自己的译文。"练习课有老师讲他自己翻译的中国戏剧，我们随笔记录，课后熟读，到了下一周上课时，由老师指定几个人起来背书、不准出错。"

1902年，作为全国最高教育机构和高等学府的京师大学堂复校，其预科无论在政科（相当于文科）还是艺科（相当于理科），外国语都是一门主课，规定外语须由外国教习授课，教学要求是文法、翻译、作文。我国晚清一直盛行的语法翻译教学法到了民国早期也没有多大的改观。我国著名的文学家茅盾先生在1913年报考北京大学预科时，英文考试的形式是："上半天考英文，考题是造句、填空（即一句英语，中空数字，看你填的字是否合格。合格了也还有字更恰当与更优美之别）、改错（即一句中故意有错字，看你是否能改正，或改得更好）、中译英、英译中，最后还有简单的口试。"我国语法翻译法一统天下的现象到了20世纪20年代以后，随着直接教学法和口语教学法的出现，才有所改观。

我国晚清盛行的语法翻译法存在的缺陷是明显的，它将本该是双向互动的教学过程，简单表现为单向的灌输，那就是老师讲解（即翻译）学生听、老师做学生看、老师书写学生笔记、老师出题学生背，学生学习英语没有任何的预见性和主动性，永远处于被动、接受的地位，学生的创造性和积极性受到限制。

由于这一限制，加上晚清教科书的紧缺，这就决定了学生如果要真正学好英语，就必须死记硬背。"那时候学英语，不像现在从发音规则学起，循序渐进，我们认、读、写英文字和认、读、写汉文方块字一样，先生硬教，学生硬学，天天默写单词，天天背课文……"纯英语语言学习，要求学生死记硬背，而用英语教授的科学课程也不例外地要求学生死记硬背，"明明教几何，但背的是 If two sides of a triangle are respectively equal to the two sides of another triangle, and their included angles are also equal, the two triangles are equal respects...（译：如果一个三角形的两条边分别和另外一个三角形的两条边相等，并且他们的内角也相等，那么，这两个三角形为全等三角形……）这种学习过程，表面上是在教几何物理，但事实上也是在学英语。一旦教师改变这种死记硬背的方法时，学生就感到十分新鲜。茅盾先生对清末一位英语教师的教学回忆说："他先教发音，从英文 26 个字母开始，在黑板上画了人体口腔的横剖面，发某音时，舌头在口腔内的位置，这真使大家感到十分新鲜。"

晚清盛行的语法翻译当然也有其合理性。英语教学的唯一目的就是培养学者熟练地驾驭英语的能力，也就是常说的英语的产出能力（productivity）。英语的产出能力包括书面表达能力（writing ability）和口头表达能力（oral expression ability），语法翻译法强调语法翻译练习，它在培养学生书面表达能力方面的作用是显而易见的。口头表达能力方面也须具备两个方面的条件，即潜在的表达能力（potential productive competency），如表达者必须具备的语法和词汇等，和实际讲话的能力（practical speaking ability）。毋庸置疑，语法翻译法通过大量的文法、翻译、造句、作文等练习，在培养学生潜在口头表达能力方面，仍"不时地具有有用性"。但是，对于英语教学来说，虽然语法翻译法在某些方面仍不时地表现出有用性，但人们已有一般的共识：(英语教学) 应该尽可能地避免使用翻译。

三、教学新方法的引进

1901 年，东吴大学以宫巷书院为基础在博习书院的旧址上开办。由于"生理、理化、生计、政治、法律诸学，国文无善本"，因此"故与其从事于翻译，不若从事于原文之为愈也"。1902 年，孙乐文的儿子孙明甫（R S.Anderson）来到东吴大学初等科教英语。面对没有学过英语的初等科的学生，孙明甫面临着怎样教好他们英语的挑战。正当他为难之际，一位叫斯旺（Swan）的先生从英国来到东吴大学，他带来了一种新的教授语言的方法，叫"古安系列"（the Gouin Series），它要求教师要用学习的语言，说明相关系列的句子，然后依次把这个句子表演出来，通过体势使这些句子的意思变得明白，但不得用任何其他语言的字词。在东吴大学，孙明甫在斯旺的帮助下运用"古安系列"，创造了大量的系列句子，他在学生面前一边用英语说这些句子，一边把它们的意思通过体势表演出来。表演后，要求学生单个和分组跟着他重复说出这些句子，通过不断的练习，学生充分使用他们年轻、记忆能力强的优势，比较容易地学习并掌握了这些系列句子，"当他们意识到自己在没有用任何汉字解释的情况下，竟然能说出英语并懂得了句子的意思时、都惊喜不已。"孙明甫也从学生的点头和脸上露出的理解的神情深受鼓舞。《东吴大学堂记》对这种新的语言教学方法评论说，"英国语言，则教以戈因之新法，成效大著，近闻香港大学堂亦将改用此法。是年春，来学者甚众。"

1905 年，在上海举行的中国教育会第五届年会上，来自广州岭南学院的英文教授黄念美（O.D.Wannamaker）发表了《教授一年级学生英文》（*Teaching English to First Year Students*）的文章。在这篇文章中，黄念美教授对岭南学院采用的一种新的英语教学方法进行了非常详细的介绍和阐述。黄念美将当时在中国教会学校所使用的外语教学方法归纳为传统的语法翻译法和另外一种他所界定的新的方法"单语法"（one language method）。由于单语法所具有的显著特点，黄念美教授又赋予了它"会话法"（conversational method）""自然法"（natural method）和"实物教学法"（object method）等不同的名称。但不管名称怎么不同，就其解释的情况来看，他所说的教学方法就是"古安系列法"的内容。黄念美教授认为，学生学习英语首先必须养成用英语思考的习惯，这一点非常重要。初学英语的学生，或英语词汇量还非常有限的学生对英语生词的掌握主要是通过具体实物、图画的展示、动作的表演，表达内心思想的外部姿势和面部表情等来获得。黄念美教授提倡要充分发挥学生用眼（eye）、用耳（ear）、用声音（voice）的能力。培养这三方面的能力，就是要求学生在学习老师精心挑选的那些日常接触的分类实物英文单词时，如"钢笔"（pen）、"铅笔"（pencil）、"圆珠笔"（ball-pen）和"毛笔"（brush）等为一类，或者如"手"（hand）、"头"（head）、"耳"（ear）、"眼"（eye）、"口"（mouth）、"鼻"（nose）和"臂"（arm）等为一类，学生用他们的眼睛观察和听力判断，将所看到的客观实物及所表示的英文单词和所听到的具体英文单词的发音，三者对上号，并用声音不断跟着重复朗读。同时，老师教授英文单词的目的不是教单词而教单词，而是通过把这些单词放在不断重复的句子中，让学生操练，一方面加深学生对这些生词的印象，同时更主要的是让学生在大脑中有正确英语句型的概念和表达事物的正确方式。如"我正在捡起一本书"（I am picking up a book），老师可以一边说出这个句子，一边表演捡书的动作。然后把这本书扔在地上，让学生来捡，然后说"你正在捡起一本书"（You are picking up a book）。有了这样的句型，句中的内容，如主语、谓语和宾语可以不断更换，以教会学生在句中掌握英文单词的意思，同时了解不同句型和意义的表达方式。经过一段时间的单词和句子的练习，老师应该把这些单词和句子编排在故事中，使学生通过编排和朗读故事来学习英语。黄念美教授最后认为，如果英语老师一开始就讲清楚教学要求，以培养学生用所学语言思考的良好习惯为宗旨，认真按照这一方法教学，学生一般能在九个月左右的时间里，掌握基本的英语。

黄念美教授反对使用语法翻译法，尤其是对于那些初学英语的学生。他认为，语法翻译法会为学生学英语带来一些暂时的好处，如，会更快地使学生掌握英文单词的意思。但是，语法翻译法会使学生养成一见生词就翻译的不良习惯，而一旦习惯养成，就很难克服。因此，黄念美教授建议，开始教授英语时，必须避免使用翻译法。

四、"古安系列"直接教学法分析

"古安系列"是西方19世纪80年代后期出现的一种学习语言的"序列结构方法"（sequential structure），其发明人是法国人弗朗索瓦古安（Francois Gouin）。"古安系列法"首先引入两所教会大学，并随后在其他教会学校盛行。到20世纪20年代直接教学法才开始在我国普通中小学中推广。张士一教授是我国现代英语教学史上最早且最有影响地介绍直接教学法的专家。早在1922年，他就在《新教育》杂志第5卷第1、2期上发表《我国中等学校英语教授的改良》一文，传播直接法。1880 年古安在巴黎出版《语言教学艺术》(*the Art of Teaching and Studying Languages*)一书，该书于 1892 年在伦敦被翻译成英文。古安通过对孩子学习语言的观察和研究，提出了以他名字命名的语言学习"古安系列"理论。其最主要观点就是"语言结构反映其所描写的经历结构"。事情过程的最主要特征就是其序列性，换句话说，任何一件事情都可用更小的系列情节来描述。如"开门"(open the door)这件事情，就可以被分解成"朝门走去"(moving towards the door)、"站在门旁"(standing by the door)、"旋转门把手"(turning the handle)、"开门"(opening the door)、"开着门"(holding it open)等。为了阐明自己的教学方法，古安列举了其著名的女仆劈柴的例子(The maid chops a log of wood)。我们可以看到劈柴这个简单的事情被由"抓"(seeks)、"放"(places)、"举"(raises)、"劈"(cleaves)、"放回"(carries back)等动词组成的 16 个具体细节分解。在这 16 个具体细节中，"女仆"(the maid)、"斧"(the hatchet)、"柴"(the log of wood)、"刀刃"(the blade)等名词可以不断用于句子当中。古安认为，这些名词的重复出现，使学者的注意力自然就转向在句子中起最重要作用的谓语动词。通过对一件事情不同细节的反复重复，学者就可以理解并有效记忆所学习的语言。

欧洲在 19 世纪末期开始了教育改革运动(the Reform Movement)，形成了英语教学的应用语言学原则，将语言教学提高到实际应用的高度。遗憾的是，因为年事已高，古安未能和改革运动亲自接触，失去了进一步完善其教学理论的机会。但是一个偶然的机会，年轻的琼斯(Daniel Jones)(1881~1967) 于 1898 年进入了在伦敦的一所"古安学校"学习法语，并从此开始其语言学研究的生涯。到了 20 世纪 20 年代，他和帕尔默(Harold E.Palmer)(1877~1949) 一起合作，完善了"古安系列"教学方法，正式提出了语言教学的"直接教学法"(the Direct Method)和"口语教学法"(the Oral Method)理论。虽然"古安系列"还不能称得上是真正意义上的一种完整的直接教学法理论，但它已"具有直接教学法的某些共同特征"，已经具备了直接教学法的雏形，因此古安"有时被誉为是直接教学法的创始人(He is sometimes credited with having founded the Direct Method)"。"古安系列"教学法的影响很大，世界各地都有专门的学校从事"古安系列"教学法的教学实践。它在美国甚至"被认为是 20 世纪早期作为外语教学的最著名方法"。

　　和语法翻译教学方法相比，"古安系列"语言教学方法最大的优点是讲课的生动性和学生的直接参与性。为了能吸引学生，教师必须创造出许多生动有趣的系列。这虽然无形中增加了教师的工作量，但它能使学生时刻保持高度的学习热情和兴趣。学生通过观摩教师精心准备的实物和不同的动作表演，时刻处在兴奋、新奇的学习状态中。英语的学习成功与否，由多种因素决定，但其中最主要的就是是否有学习的兴趣，学生是否能在每一节课都保持高度的热情。可以说，教师使用"古安系列"，对教学内容一边用英语讲，一边用不同的形体动作表演，这就像一场精彩的演出，时刻吸引着学生的注意力。由于学生学习英语热情的高涨，在东吴大学预科教英语的孙明甫充满信心，"他能够在中学的四年学习期间完成他的计划（使学生熟练地掌握英语）。"

　　"古安系列"教学法也有其不足，其表演和演示的教学内容往往局限在描写性的语言文本上，如果教学内容涉及到实物、动作和表情无法表达非常深奥的内心思想领域时，"古安系列"往往就会失去其应有的作用，因为"构建经历的功能只是语言所具有的多种功能中的一种"。虽然"古安系列法"还有不尽完善之处，但和以单向传输为主的语法翻译法相比，"古安系列法"要求学生在观（即用眼）和听（即用耳）的同时，通过对不同系列的句子单个地、成对地、分组地、集体地等多种形式的操练演习（即用声音），直接参与到具体教学过程中。它之所以被认为已经具有某些"直接教学法"的特征，原因就在于它是一种双向的教学过程。因此，"古安系列"外语教学法是我国外语教学方法的一个巨大进步。

第六章　结语

在工业革命和政治革命的影响下，西方资本主义世界得到了迅速的发展。各个国家在经济、贸易方面的往来使得世界向一体化的方向发展。近代中国在这种发展趋势之下，自然不可能独善其身。然而，清政府夜郎自大、盲目自信，在自身坚守的封建保守文化即将遭遇西方近代价值观念冲击之时竟不自知，仍然坚持闭关锁国的政策。最终，西方列强的坚船利炮将近代中国纳入一体化的进程，并在其中占据弱势地位。如何才能在世界一体化的格局中找到立足之地成为近代中国亟待解决的问题。清政府一批开明士大夫以创办外语学堂为滥觞兴起了洋务运动开启了对这个问题的探索。作为连接近代中国与世界结点的英语学科教育在规模上经历了从零星发展到逐步扩大，再到制度化、普及化的过程。英语学科在国民教育体系地位的逐步确立与其产生的社会影响与功能密不可分。近代中国英语学科教育不仅培养了大量新式人才、推动了教育的近现代化转型，同时也促进了中西文化双向交流。

培养了大批的新式知识分子应该是近代中国英语教育社会功能最直接的表现。京师同文馆作为"国人讲求异邦文言"之嚆矢，其英语教育的目标就是培养政治、外交、经贸上的翻译人才。它所培养的学生也是最早进入近代中国政治、外交及教育舞台的一批人。根据《京师同文馆学友会第一次报告书》所附"学生离校后情况一览表"，以英语为语种的学员一共70人。他们当中大部分均在涉外部门工作，担任的职务包括外交部司长、佥事、驻外总领事、使馆秘书、驻外留学生监督等。还有一部分在各个行业充当译员、在商务部门工作或从事商业活动。从京师同文馆毕业的汪凤藻、蔡锡勇在馆学习期间表现就十分优异，后来分别任职南洋公学校长和湖北自强学堂总办，成为最早一批中国本土的英语教员及教学管理者。毕业后到各类洋务学堂充任英文教习的还有凤仪、严梁勋、庆常、全森等人。上海广方言馆作为同文三馆的突出代表，其毕业生的质量最高，开办30年来，为大清帝国培养了500名以上的外语人才，涉及外交、教育、军事、技术等不同领域。不仅是外语类学堂，清末时期的其他新式学堂也是以突出英语教育为特征。虽然这些学堂以"中学西体"为宗旨，但它们毕竟将外语，特别是英语、近代自然学科及技术工艺引入学堂，不仅英语学科地位高，其他自然学科及技艺课程的教材与授课均采用英语，以至于造就了各类专业技术人才。李鸿章在给天津水师学堂学生请奖时就提到"计开以来，甫及三年，而驾驶头班学生伍光鉴等三十名均已毕业，堪上练船。又课成肄业美国回华学生王凤喈等九名，或充学堂帮教，或经分派各船，成效历有可稽"。

进入20世纪，延续几千年的科举制度被废除，使教育改变了以往在封建社会作为官僚等级制度附庸的属性，转而成为国家文化事业的重要组成部分。英语也被正式列为学校教育的主要学科，在整个国民教育体系中占有重要位置。与传统旧式科举之士不同的是，近代新式知识分子通过英语这个媒介受到西方科学技术及思想文化的影响，形成了新的价值与观念，主要体现在他们不再以入仕为官作为自己的唯一的追求与选择。他们当中有大量人士积极参与将中国融入世界一体化的实践，投身到政治、外交、出版、教育、科技等近代新式行业并成为各行各业的专门人才。在教育界，从19世纪末开始，近代学堂的新式教育从以前对外国教员的依赖逐步过渡到以自主培养师资为主。这些从事教育的新式知识分子一方面在各自的领域海人不倦，介绍和传播近代自然科学与人文社会知识，另一方面他们以高等学校为阵地致力于近代西方各门学科在中国的建立、研究与发展，重塑能够与世界接轨的学术文化，从而推进中国文化的近代化转型。在外交领域，面对西方列强进一步攫取利益的贪婪，培养和拥有掌握西方国家语言、了解西方国家文化、熟悉西方思维方式，并且具备外交谈判能力的人才显得极为迫切。以颜惠庆、顾维钧、王宠惠等为代表的一批外交家正是以出色的英语水平以及对西方政治社会的了解与认识，为中国代言发声，在争取国际理解与支持、维护自身利益方面发挥了重要的作用。在科学技术领域，不少接受了近代西方语言与专业技术教育的人员，被派遣到欧美国家留学。回国后，他们凭借扎实的学科专业知识，经过不断的努力与探索，为中国科学技术做出了突破性的贡献。比如我国著名的地质学家李四光，他在英国伯明翰大学学习 6 年，熟练地掌握了英语和专业知识，帮助中国的地质力学理论和石油勘探事业取得了巨大的成功。中国近代气象学家竺可桢中学毕业考入唐山路旷学堂 (今西南交大) 后，接受了从课本到教学全是英文的教育，为其在美国取得优异的学业成绩奠定了坚实的基础。在美国哈佛大学获得博士学位后，回国创办了中国第一个气象研究所，推动了中国人自己的气象事业的发展。在浙江大学担任校长期间，竺可桢还提出了"数、理、化与国文、英文必须有第一等教授"的理念，凸显了对英语这类基础学科教育的重视。还有被称为中国物理学研究鼻祖的吴有训于 1921 年以优异成绩考取官费赴美留学的名额。在芝加哥大学就读期间，他在聚集世界一流物理学者的舞台上，以流畅生动的英语以及现场操作物理实验，为其导师诺贝尔物理学奖得主康普顿补充证实"康普顿效应"。回国后，吴有训在清华大学建立了中国第一个近代物理学实验室，从事 X 射线问题的研究。

客观地说，中国近代新式人才的培养和成长虽不能说是外语学科教育单方面的成果，但却无不渗透着外语学科教育的影响。近代新式教育最大的特点便是以外语及西方自然科学、人文科学知识为教学内容。那些接受过新式教育的人士，大都成为了近代中国社会发展的中坚力量，为推动近代中国社会进步和科学发展作出了杰出贡献。

本书通过分析英语学科教育在近代中国的社会功能，有利于正确认识英语学科教育在国民教育中的重要地位。特别是在世界一体化趋势日益凸显的环境下，加强英语学科教育改革，不断提高英语教学水平，培养高层次外语人才，对国家社会经济发展具有战略意义。对近代中国英语学科教育的全景勾勒与历史考察，有助于全面、清晰地了解我国英语学科教育发展的整个过程以及每个阶段的教育特征。过往成功的经验与失败的教训无疑对我国英语教育政策的制定者、执行者及实践者提供经验支持，也有利于他们打破仅凭当代理论与个人经验作为思想和行动依据的局限，对于探索具有中国特色的英语学科教育发展之路大有裨益。此外，在近代以"西学东渐"为主的文化流向中，本土文化从被迫接受到主动引进不断作出调整，印证了文化的传播在于顺应与融合。这种在异质文化传播上积累的丰富经验，在当今倡导"中国文化走出去""讲好中国故事，传播好中国声音"的历史语境下，为中国语言和文化传播起到了借鉴作用。从晚清到民国，中国英语学科教育面临的各种复杂情况与遭遇，以此为研究对象有助于认识近代中国社会在教育、政治、文化、思想等方面发生的重大变革以及它们之间的互动关系，有利于进一步深刻了解中国社会的近现代化进程。总之，近代中国英语学科教育发展的过程也是中国社会从传统封建社会过渡到近现代社会转型的过程。"以铜为镜，可以正衣冠；以古为镜，可以知兴替"。对这段历史进行考察可以洞悉英语学科教育的发展规律和发展趋势，亦是对现实的关照。由此，系统研究这一历史时期中国英语学科教育，不但非常必要，而且意义重大。

参考文献

[1] 李华兴. 民国教育史 [M]. 上海：上海教育出版社，1977.

[2] 李良佑，张日昇，刘犁. 中国英语教学史 [M]. 上海：上海外语教育出版社，1988.

[3] 李培思. 三民主义英文读本 [M]. 上海：商务印书馆，1929.

[4] 李娅玲. 中国外语教育政策发展研究 [M]. 北京：北京大学出版社，2012.

[5] 李珠，皮明麻. 武汉教育史（古近代）[M]. 武汉：武汉出版社，1999.

[6] 李志刚. 基督教早期在华传教史 [M]. 台北：商务印书馆，1985.

[7] 李志刚. 香港教会掌故 [M]. 香港：三联书店（香港）有限公司，1992.

[8] 黎难秋. 同文三馆——清外交家翻译家的摇篮 [M]. 武汉：武汉大学出版社，2016.

[9] 圣约翰大学生出版委员会. 圣约翰大学五十年史略 [M]. 上海：圣约翰大学出版社，1949.

[10] 束定芳. 外语教育往事谈·第二辑——外语名家与外语学习 [M]. 上海：上海外语教育出版社，2005.

[11] 苏精. 清季同文馆及其师生 [M]. 福州：福建教育出版社，1985.

[12] 苏云峰. 张之洞与湖北教育改革 [M]. 北京：社会科学文献出版社，1983.

[13] 沈福伟. 中西文化交流史（第2版）[M]. 上海：上海人民出版社，2006.

[14] 汪敬虞. 唐廷枢研究 [M]. 北京：中国社会科学出版社，1983.

[15] 王立新. 美国传教士与晚清中国现代化：近代基督新教传教士在华社会、文化与教育活动研究 [M]. 天津：天津人民出版社，2008.

[16] 王赓武. 香港史新编（下册）[M]. 香港：三联书店香港有限公司，1997.

[17] 王忠欣. 基督教与中国近现代教育 [M]. 武汉：湖北教育出版社，2000.

[18] 卫道治. 中外教育交流史 [M]. 长沙：湖南教育出版社，1998.

[19] 卫斐列，顾钧，江莉. 卫三畏生平及书信 [M]. 桂林：广西师范大学出版社，2004.

[20] 卫礼贤，王宇洁. 中国心灵 [M]. 北京：国际文化出版公司，1998.

[21] 吴洪成. 中国教会教育史 [M]. 重庆：西南师大出版社，1998.

[22] 吴洪成. 中国近现代教科书史论 [M]. 北京：知识产权出版社，2017.

[23] 文秋芳. "产出导向法" 的中国特色 [M]. 北京：外文出版社，2017.

[24] 文秋芳. 大学英语面临的挑战与对策：理论课程视角 [M]. 北京：外文出版社，2012.

[25] 段怀甫. 王韬与近现代文学转型 [M]. 上海：复旦大学出版社，2015.

[26] 段鹏. 政治传播历史、发展与外延 [M]. 北京：中国传媒大学出版社，2011.

[27] 唐智芳. 文化视域下的对外汉语教学研究 [M]. 长沙：湖南师范大学出版社，2014.

[28] 王文琦. 晚清外来词发展研究 [D]. 西安：陕西师范大学，2012.

[29] 杨习超. 近代中国教会大学中籍校长角色冲突研究 [D]. 苏州：苏州大学，2016.

[30] 姚蜀平. 回首百年路遥——伴随中国现代化的十次留学潮 [M]. 上海：上海教育出版社，2017.

[31] 尹延安. 传教士中文报刊译述中的汉语变迁及影响：1815—1907[M]. 上海：上海交通大学出版社，2013.

[32] 袁伦渠. 劳动经济学 [M]. 沈阳：东北财经大学出版社，2017.

[33] 张章. 说文解字（上）[M]. 北京：中国华侨出版社，2012.

[34] 赵晓兰，吴潮. 传教士中文报刊史 [M]. 上海：复旦大学出版社，2011.

[35] 邹振环. 疏通知译史 [M]. 上海：上海人民出版社，2012.

[36] 胡元德. 近代公文研究述评 [J]. 秘书，2018(1)：3-10.

[37] 江桂英. 语言与经济关系研究：脉络与走势——《语言的经济学分析：一个基本框架》评述 [J]. 山东行政学院学报，2018(2)：104-107.

[38] 荆学民，苏颖. 论政治传播的公共性 [J]. 天津：天津社会科学，2014（4）：

64-68.

[39] 李春红. 汉语国际推广战略瓶颈及对策研究——基于文献的综述与展望 [J]. 南阳理工学院学报，2012，（1）：1-4.

[40] 李瑞峰. 晚清科学家李善兰的西学翻译 [J]. 文史博览理论，2016 Ⅱ：26-27.